忠言不逆耳

掌握最恰當的說話技巧與時機

Good
Communication Skills

嘴巴太笨的人，
不會太招人喜歡；

嘴巴太聰明的人，
也容易招人反感。

贏家系列：25

忠言不逆耳：掌握最恰當的說話技巧與時機

編著：陳瑋順
出版者：大拓文化事業有限公司
責任編輯：羅啟明
美術編輯：姚恩涵

總經銷：永續圖書有限公司
劃撥帳號：18669219
地址：22103 新北市汐止區大同路三段一九十四號九樓之一
TEL （〇二）八六四七—三六六三
FAX （〇二）八六四七—三六六〇
E-mail yungjiuh@ms45.hinet.net
網址 www.foreverbooks.com.tw

CVS代理：美璟文化有限公司
TEL （〇二）二七二三—九九六八
FAX （〇二）二七二三—九六六八

法律顧問：方圓法律事務所 涂成樞律師

出版日◇二〇一八年三月

國家圖書館出版品預行編目資料

忠言不逆耳：掌握最恰當的說話技巧與時機 /
陳瑋順編著. -- 初版. -- 新北市 : 大拓文化,
民107.03 面 ; 公分. -- (贏家系列 ; 25)
ISBN 978-986-411-067-4(平裝)
1. 口才 2. 說話藝術 3. 人際關係
192.32 107000532

目錄

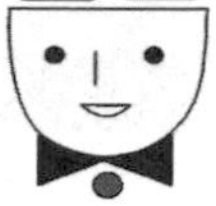

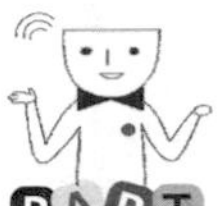

PART 1 輕重適宜，批評要顧及對方的感受

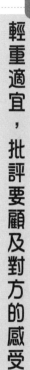

CONTENTS

PART 2 心裡明白，嘴上糊塗好辦事

目錄

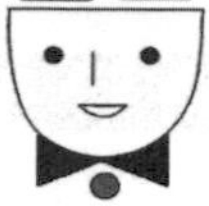

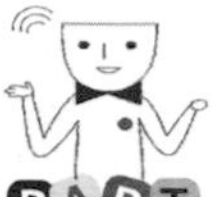

PART 3

面對「危機」，妙語消除溝通障礙

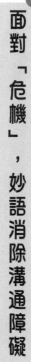

CONTENTS

PART 4 怎樣說才能有效地反擊對方

目錄

PART 5 適時沉默比侃侃而談更有效

CONTENTS

PART 6 怎樣說話才能為自己樹立良好的形象

輕重適宜，
批評要顧及對方的感受

01 暗示式批評，避免引起對方的反感

真正的朋友，在你獲得成功的時候，為你高興而不捧場。在你遇到不幸或悲傷的時候，會給你及時的支持和鼓勵。在你有缺點可能犯錯誤的時候，會給你正確的批評和幫助。

——高爾基【蘇聯】

在日常生活中，常常會用到批評這種手段，但有些人批評起人來簡直讓人無地自容，下不了臺階。其實，這種批評方式不但無法達到讓他人改正錯誤的目的，而且有礙於人際關係，嚴重時甚至會毀掉一個人。既然如此，為何還要使用這種「殘酷」的手段呢？

在生活和工作中，不可能沒有批評，但要學會巧妙地批評，讓他人既意識到自己的錯誤，又能理解你善意批評的意圖，使他對你心存感激。批評最好的方式就是進行暗示，用意味深長的口吻說出來。

有一次，幾個屬鼠的男同學在期中考試上考了滿分，得意的有點飄飄然。他們的班主任發現了，就對他們說：「很得意了嗎？你們知道得意意味著什麼嗎？請注意今天下午的班會。」那幾個男學生猜想：糟了，在下午的班會上，等待他們的准是狂風暴雨！

但在班會上，班主任的批評妙趣橫生，他說：「樹林子要是大了，就什麼鳥兒都有，自然，天下大了，就什麼老鼠都有。我就聽說過這麼一個故事：有隻小老鼠外出旅遊，恰好兩個孩子在下獸棋，小老鼠就悄悄地看。

牠發現了一個祕密，那就是，儘管獸棋中的老鼠可以被貓吃掉，被狼吃掉，被虎吃掉，卻可以戰勝大象。於是牠立刻認定，自己才是真正的百獸之王。這麼一想，小老鼠就得意起來了，還從此瞧不起貓，看不起狗，甚至拿狼來開心。

有一天，牠還大搖大擺地爬到老虎的背上，恰好老虎正在打瞌睡，懶得動，就抖了抖身子。小老鼠於是更加得意，還趁著天黑鑽進了大象的鼻子。大象覺得鼻子癢癢，就打了個噴嚏，小老鼠立刻像炮彈似的飛了出去。就這麼飛呀飛呀飛，好半天，才『撲通』一聲掉在臭水坑裡！

好，現在就請大家注意一下，『臭』字的寫法，怎麼寫的呢？『自』『大』再加一點就是『臭』。有趣的是，今年正好是鼠年，我們班有不少屬鼠的同學，那麼這些『小老鼠』們會不會也掉到臭水坑裡呢？我想是不會。但必須有一個條件，那就是永不驕傲！」到這兒，這位班主任還特意看了看那幾個男同學，那幾個男同學當然明白，老師的批評全包含在那個有趣的故事中了！他們很感激，也很快改正了自己的缺點。

班主任的說話方式是值得推崇的，沒有急躁和嚴厲的口吻，也沒有當著全班同學的面子點名批評。而是透過講一個故事，把現實和故事結合起來，既讓人明白又不傷及尊嚴。難怪會得到同學的擁護。

暗示式批評就是不正面提出批評，而把批評的意思暗示在談話之中，讓被批評者自己去理解、接受。你顧及了他人的面子，他人心裡就會有所感激並把你當成和善值得交往的人。即便你是管理層，也會讓別人都親近你、喜歡你。

話術補充站

間接指出別人的錯誤，要比直接說出口來得溫和，且不會引起別人的強烈反感。那些對直接批評會非常憤怒的人，間接地讓他們去面對自己的錯誤，會有非常神奇的效果。

02 未批先誇，讓對方心生安慰

人誇獎你，你不必快活。

——宣永光

未批先誇，實際上就是一種欲抑先揚的方式，即在批評別人時，先找出對方的長處稱讚一番，然後再提出批評，最後再使用一些鼓勵性的詞語。這種方法使人認為你的批評是公正客觀的，自己既有過失，也有成績。這樣就減少了因批評所帶來的牴觸情緒，能收到良好的批評效果。

某老闆發現祕書寫的總結有不妥之處。他是這樣暗示祕書的：「張小姐，這份總結整體來說寫得不錯，思路清楚，重點明顯，有幾處寫得很有見地，看來妳下了不少工夫。只是有幾個地方提法較為不妥，有些言過其實，有的地方尚缺定量分析，麻煩妳再修改一下。妳的文筆不錯，過去幾次寫總結也是越修改越好，相信妳這次也一定能改的很好。」

這樣說，祕書會感到老闆對自己很公正、很器重，充滿期望和信任，因而就會很賣力地把總結改好了。

當某人聽到別人對他的某些長處表示讚賞之後，再聽到對他的批評，心裡往往會好受得多。比如，你剛在某人左臉上親吻了一下，當他還在回味那甜蜜的感覺時，你再往他右臉上給一巴掌，這時他疼痛的感覺肯定沒有只打不親時強烈。

柯立芝任美國總統期間，一天對女祕書說：「妳今天穿的衣服很漂亮，妳真是一位年輕迷人的小姐。」

女祕書受寵若驚，因為這可能是沉默寡言的柯立芝對她的最大誇獎了。但柯立芝話鋒一轉，又說：「另外，我還想告訴妳，以後抄寫時標點符號要注意一下。」

像柯立芝這樣在批評之前先表揚對方，以表揚來營造批評的氛圍，它能讓對方在愉悅的讚揚中同樣愉悅地接受批評。因為人在聽到別人對自己某些長處的表揚之後，再聽到他的批評，心裡往往會容易接受得多。

不過，我們常常在使用這一招式的時候會錯誤地加上兩個字。有許多人在真誠的讚美之後，喜歡拐彎抹角地加上「但是」兩個字，然後開始一連串的批評。舉例來說，有人想改變孩子漫不經心的學習態度，很可能會這樣說：「小虎，你這次成績進步了，我們很高興。但是，你如果能多加強一下代數那就更好了。」

在這個例子裡，原本受到鼓舞的小虎，在聽到「但是」兩個字後，很可能會懷疑原來的讚美之詞。對他來說，讚美通常是引向批評的前奏。如此不但讚美的真實性大打折扣，對小虎的學習態度也不會有什麼幫助。

如果我們改變一、兩個字，情況就會大為改觀。我們可以這麼說：「小虎，你這次的成績有進步，我們很高興。如果你在數學方面繼續努力下去的話，下次一定會跟其他科目一樣好。」

這樣，小虎一定會欣然接受這番讚美了，因為後面沒有直接明顯的批評。由於我們也間接提醒了應該改進的注意事項，他便懂得該如何改進以達到我們的期望。

此外，不得不提的是，有的人認為先講讚揚的話，再批評，帶有操縱人的意味，用意過於明顯，所以不喜歡用。這種說法也有一定道理，因為當你找到某人就表揚他，他根本聽不進你的表揚，他只是想知道，另一棒會在什麼時候打下來——表揚之後有什麼壞消息降臨。所以在更多的時候，許多人把表揚放在批評之後，當用表揚結束批評時，人們考慮的是自己的行為，而不是你的態度。

話術補充站

概括來講，妙用未批先誇的手法就是先誇獎對方，然後再委婉地進行批評。不過，有時不妨來個先批評後讚揚，而且話語中要儘量避免出現「但是」二字。

03 就事論事，批評時不要翻舊帳

「坦率」是批評最燦爛的寶石。

——迪斯雷利【英國】

在對別人進行批評時，翻舊帳往往會觸動了別人最敏感、最不願意讓他人觸及的神經，進而使人產生極大的反感。

一名車間工人，因為工作失誤，受到一個通報批評的處分。後來，他和一名同事吵了一架，於是車間主任找他談話，對他進行批評，可是只講了幾句，就談不下去了。下面是他們的對話：

車間主任：「你跟同事大吵一架，還真夠威風啊。」

工人：「我……」

車間主任（打斷工人）：「你怎麼樣？上次那個通報難道你忘了嗎？我可是沒忘啊……」

工人：「那你就給我再來一個通報吧！隨便你！」

車間主任：「你……」

批評最忌翻陳年舊帳，將對方過去的問題一股腦兒地抖出來以顯示自己的理直氣壯。殊不知，連珠炮式的指責只會擴大對方的對抗情緒，使所遇到的問題更難解決。

「並不是我喜歡揭人瘡疤，而是他的態度實在太惡劣，一點悔過的意思都沒有。我這才忍不住翻起舊帳來的。」車間主任事後為自己辯解說。

批評應針對當前發生的問題，說明下屬提高認識，將錯誤改正。翻舊帳會讓下屬產生逆反心理，直覺告訴他上司一直在作收集他全部缺點的工作，這一次是在和他算總帳，因而會產生對立情緒，不會做出任何配合。

駕駛員因違反交通規則而受罰時，有的會乖乖順從，有的卻想盡辦法推脫。為什麼會產生這種差別？這當然和員警對駕駛員的態度有密切關係。特別是當員警看到駕照違例資料時的反應，會直接影響員警的態度。

駕照中有違例記載的駕駛員，都不希望別人看到。而員警因為要執行勤務，有責任查看。但看過違例內容後，應避免再追問，只處理當天的案件即可，這樣做，駕駛員大都會聽從處理。如果員警表現出不屑的樣子並盤問不休，駕駛員自然會很反感。

批評人時必須認清這種心理。就算不得不提及以往的錯誤也要有意避開，以便能製造容易接受批評的心理狀況。

假如上司發現了連下屬也沒察覺的錯誤，除非過去犯錯累累，不然應避免重提。再說，犯錯的員工自己知錯，而且也接受了處理，那就更不可翻舊帳，因為這樣做只會增加員工的反感，絕不可能收到批評的效果。

如果下屬常犯同樣的錯誤，最好是仔細研究過去的批評或懲罰，下屬反省到什麼程度，又改進了多少。對下屬的改進應給予肯定，且不要重複同樣的批評。

話術補充站

作為領導者不給下屬留面子，不看場合說話，對其自身也是一種損害，因為在大庭廣眾之下，你對下屬自尊的傷害，別人也是看在眼裡的，他們也許不會太在意那個人到底犯了什麼錯，反而會把注意力都集中在你的不識大體上。

04 反語批評，讓對方省悟自己的錯誤

緘默有時就是最嚴厲的批評。

——伯斯頓【美國】

戴先生掌握卓越的技術，早已聞名金融界，以下是他任職總經理時發生的事。

有兩位員工到酒廊喝酒，直到打烊時間還賴著不走，酒廊老闆只得請員警來處理。結果雙方發生衝突，其中一位柔道兩段的員工，把員警打得頭破血流。

第二天，其他同事到警察局來看他們，看到他們兩人很自責，後悔做事太衝動。同事向戴先生報告實情後，戴先生立刻開口說：「原來我們公司也會出英雄，值得稱讚！」

而那兩位員工聽到戴先生的話，更加自我反省了，以後的工作態度也完全改變了。表面看來，這是十分荒謬的批評方法，但站在心理學的觀點上，實在是十分巧妙。

任何人做事失敗時，或多或少都會反省。這時上司如果沒有加以批評，員工的工作士氣不免會低落，也不會反省，心想：「我在公司已經沒有前途了……」反抗心將會更明顯。

再看看戴先生的員工，本以為會挨一頓臭罵，不料卻獲得意外的稱許，而這稱許彷彿一盞明燈，照亮了員工的心靈，讓他們勉勵自己不再犯錯。

如此看來，能確實掌握對方的反省方向，才能加強對方的反省念頭。某教練接受雜誌採訪時，發表了以下這番發人深省的談話。據他表示：「每位選手都希望在球場上努力表現，而要求自己不失誤。如果那位選手雖已盡力卻仍犯錯，然而他能自我反省，我就不會再施加壓力對他加以批評。」在這個時候採取一種正話反說的形式對他「讚揚」一番，可以緩和緊張氣氛，促其反思。

秦朝有個很有名的幽默人物優旃。有一次，秦始皇要大肆擴建御園，多養珍禽異獸以供自己圍獵享樂。這是一件勞民傷財的事，但大臣們誰也不敢冒死阻止秦始皇。這時優旃挺身而出，他對秦始皇說：「好，這個主意很好，多養一些珍禽異獸敵人就不敢來了，即使敵人從東方來了，下令麋鹿用角把他們頂回去就足夠了。」秦始皇聽了不禁破顏而笑，並破例收回了成命。

優旃利用「讚揚」達到了批評的目的，同時也保全了自身性命。表面上是贊同皇上的主意，言外之意則說如果按此以往，國力必將空虛，敵人就會趁機進攻。

反語是指所說的道理或所舉的事例全是和真理明顯相違背的。這種手法貴在故意送明顯的悖謬給對方，使對方在明顯的悖謬中省悟到自己也同樣錯了，因此而改變主意。

反語批評在特殊的場合或特殊的人物面前若運用得好，常常能收到意想不到的效果。這種手法無論對什麼樣性格的人都適用，就連殘虐無比的秦始皇，也被優旃的反語批評說服了。

無獨有偶，古代君王都好玩樂，而他們身邊總是有那些懂得以「贊」促「改」的賢臣才子對其加以勸諫。

景公愛喝酒，連喝七天七夜不停止。

大臣弦章上諫說：「君王已經連喝七天七夜了，請您以國事為重趕快戒酒，否則就請先賜我死。」

晏子後來覲見齊景公，齊景公便向他訴苦說：「弦章勸我戒酒，要不然就賜死他；我如果聽他的話，以後恐怕就嘗不到喝酒的樂趣了；不聽的話，他又不想活了，這可怎麼辦才好？」

晏子聽了便說：「弦章遇到您這樣寬厚的國君，真是幸運啊！如果遇到夏桀、殷紂王，不是早就沒命了嗎？」

於是，齊景公果真戒酒了。

吃喝玩樂似乎是君王的天性，倘若直言勸諫告訴他那是大錯特錯的，有多少的壞處，恐怕他是很難聽進去的，反而會大發雷霆。把話的角度調轉一百八十度，效果也會相應調整一百八十度。

對於一些有自知之明的人來說，根本用不著太嚴厲的批評，採用這種正話反說的批評方式最好不過了。

話術補充站

沒有人希望別人知道自己被批評。在日常工作中，經常都會有上級給下級提意見或進行批評的情況，但一定要注意不要過分，要給他尊嚴的安全感，讓他知道自己錯在哪裡就好。

05 批評他人，從批評自己開始

世界上最有力的論證莫如實際行動，最有效的教育莫如以身作則；自己做不到的事千萬別要求別人；自己也會犯的毛病先批評自己，先改自己的。

——傅雷

在批評他人之前先談一談自己從前做過的類似錯事，一方面可以為對方提供活生生的例證，讓他從這例證中認識到犯錯的嚴重後果；另一方面也可以帶給對方一定程度的認同感，拉近彼此的心理距離，營造出心胸開闊、坦誠相見的良好批評氛圍，進而使對方更容易接受。

有位名叫約瑟芬的食品店店員，在一次運貨時因馬虎而使食品店損失了兩箱果醬。為此，老闆對她進行了如下一番批評：「約瑟芬，妳犯了個錯。但上帝知道，我犯的許多錯誤比妳還糟。妳不可能天生就萬事精通，那只有在實際的經驗中才能獲得。而且，妳在這方面比我強多了，我還曾做出那麼多愚蠢的事，所以，我不願批評任何人，但妳難道不認為，如果妳換一種做法的話，事情不會更好一點嗎？」約瑟芬愉快地接受了老闆的批評，從此做事認真多了。

作為長輩或上級，把自己曾經的過錯暴露在晚輩或下屬面前，目的不在於做自己檢討，而在於以自己的感悟來教育對方。這種借己說人的方法，讓我們看到了融自我批評於批評中的魅力與力量。

一九六四年，日本輕型電器業界因受經濟不景氣的影響而動盪不安，於是松下電器企業公司決定召開全國銷售會議。

由於會議中反映出不景氣的狀況，所以空氣中充滿了火藥味。在一百七十幾家公司中，只有二十幾家經營良好，其他約有一百五十多家的經營都出現極嚴重的虧損赤字。

「有什麼意見都可以提出來。」松下先生一語未了，某銷售公司的經理立即像衝破水閘般地發洩他的不滿：「今天的赤字到這種地步，主要在於松下電器的指導方針太差，作為公司的負責人一點都不檢討自己是否有不足之處……」

「我方的指導當然有誤，可是再怎麼困難也還有二十幾家同仁獲利。各位不覺得你們太缺乏獨立自主的精神，太依賴他人才招致今天的後果嗎？」松下先生反駁道。

「還談什麼精神，我們今天來的目的不是聽你說教，是錢！」也有人這麼露骨地反唇相問。

三天十三個小時，松下先生就站在臺上不斷地反駁他們的意見，而他們也立即反擊，大罵松下公司。就在會議即將結束，決裂的局面即將出現時，情況發生了戲劇性轉折的變化。

第三天，最後一次會議上，松下先生走到臺上，「過去兩天多的時間大家相互指責，該說的都說了，我想沒有什麼好再說的了。不過，我有些感想，跟大家說說。過去的一切，走到今天這個地步，所有責任我們要共同負責。松下電器有錯，身為最高負責人的我在此衷心向大家致歉。今後將會精心研究，讓大家能穩定經營，同時考慮大家的意見，不斷改進。最後，請原諒松下電器的不足之處。」說完，松下先生向大家鞠躬。

突然間，整個會場出現了不可思議的現象——整個會場頓時靜了下來，每個人都低著頭，半數以上的人還拿出手帕擦淚。

「請董事長嚴加指導！我們缺點太多了，應該反省，也應該多加油去做！」

隨著松下先生的低頭，人人胸中思潮翻湧。隨後又相互勉勵，發誓要奮起振作。

由此可見，自我批評比針鋒相對的辯論、指責效果要好得多。

話術補充站

一般來說，批評應該適可而止，沒有必要把對方置於死地，讓對方無顏面示人，因為我們批評的目的是為了治病救人，是為了幫助別人。

06 對不同的人要選擇不同的批評方法

板著面孔批評人，不如身體力行教育人。

——章軍

斥責時使用的語言，必須要先看對方是屬於什麼類型之後，再下決定。個性較溫和的人遭到大聲怒吼時，只會一味地退縮和保護自己，無法專心聽人說教。而個性剛烈的人，則往往會因對方的斥責而亢奮，無法忍氣吞聲，通常會採取強硬的反駁手段，或因而更奮發圖強。

因此，斥責要謹慎又謹慎，先考慮對方是屬於何種類型後，再決定應該採取的方式。

類型主要看個性心理情況。個性、心理，是外延很寬的概念。這裡主要指下級的氣質、性格、對工作的興趣和自我更正能力。上級批評和否定下級必須首先在心理上占上風，否則是不會很成功的。

一、個性坦率直爽、性格開朗，心理承受能力強的人

這種人知錯就改，喜歡直來直往不喜歡拐彎抹角。對於這種下屬，你明確地指出其缺點和錯誤之所在、性質和危害他會容易接受。相反的，過多地繞圈子，反而會使他納悶產生誤解，甚至是反感，認為這是你不信任他的表現。

二、頭腦聰明、反應敏捷，接受能力強而自尊心也很強的人

對這種人就採用提醒、暗示、含蓄的語言，將錯誤和缺點稍稍點破，他們便會順著上司的思路，找到正確的答案和改正錯誤的辦法。

這種方式有兩種表現：一種是面對下屬本人，顧左右而言他。看似在討論別人，其實是在說他本人。這種方法的關鍵是必須找到相似的事物或相似的人，否則相去甚遠，難以奏效。另一種是面對眾人，漫無所指，點出一些只有當事人才能心領神會的事情，給其必要的心理壓力，讓他知道你是礙於情面才沒有揭發他。這時，他會在內心自我警

醒、自我矯正的。

三、自尊心強，臉皮薄、愛面子的人

這種人應採用循序漸進式的批評，其特點是把要批評的問題分成若干層次、若干階段來解決。透過逐步輸出批評資訊，有層次地進行批評，使犯錯誤的下屬有一個心理緩衝的餘地，有一個認識提高的過程，進而一步步地走向你所期待的正確面。

在你批評那些自尊心較強而又錯誤較多的下屬時，採取循序漸進的方法，有利於取得批評的積極效果。相反，如果你一次性把下屬眾多的缺點一股腦兒地傾洩出來，容易傷害下屬的自尊心，使其產生逆反心理。

四、性格內向、脾氣暴躁，愛鑽牛角尖或心情不愉快的人

對這種人最好用參照式批評比較合適。這種方式的特點是：在批評時，不直接涉及下屬的要害問題，而是運用對比方式，透過建立參照物來烘托出批評內容。

你可以透過列舉和分析其他人的是非來烘托出被批評者的錯誤；也可以透過被批評者自身以往的經歷，來烘托出他現在的錯誤；還可以透過列舉和分析哪些是錯誤的，來烘托出被批評者為什麼是錯誤的。

話術補充站

通常的批評宜在小範圍裡進行，這樣會創造親近融洽的語言環境。實在有必要在公眾場合批評時，措辭也要審慎不宜大興問罪之師。

07 在批評中，撒點幽默「調味料」

幽默來自智慧，惡語來自無能。
——松林

提出批評意見時出於需要，可以把本來直說的話，用幽默的方式表達出來，進而產生一種耐人尋味的效果。

傳說漢武帝晚年時很希望自己能長生不老。一天，他對侍臣說：「相書上說，一個人鼻子下面的『人中』越長，命就越長；『人中』長一寸，能活百歲。不知是真是假？」

東方朔聽了這話，知道皇上又在做長生不老夢了，臉上露出一絲譏諷的笑意。漢武帝見東方朔似有譏諷之意，面有不悅之色，喝道：「你怎麼敢笑話我？」

東方朔恭恭敬敬地回答：「我怎麼敢笑話皇上呢？我在笑彭祖的臉太難看了。」

漢武帝問：「你為什麼笑彭祖呢？」

東方朔說：「據說彭祖活了八百歲，如果真像皇上剛才說的，那他的『人中』就有八寸長，那麼他的臉不是有丈把長嗎？」漢武帝聽了，也哈哈大笑起來。

東方朔是聰明的，他用笑彭祖的辦法來幽默地譏諷漢武帝的荒唐，有些指桑罵槐的味道。但正是這樣，才使漢武帝愉快地接受了批評。

一八九〇年，美國著名的幽默作家馬克・吐溫和一些社會名流參加道奇夫人的家宴。沒多久就出現了大宴會上經常發生的情況：人人都在跟旁邊的人談話，而且同一時間講話，慢慢的，大家便把嗓音越提越高，拼命想讓對方聽見。

馬克・吐溫覺得這樣有傷大雅，太不文明了。而如果這個時間突然大叫一聲，讓大家都安靜下來，其結果肯定會惹人生氣，甚至鬧得不歡而散。這該怎麼辦呢？

馬克・吐溫心生一計。他對鄰座的一位太太說：「我要讓這場吵鬧靜下來，辦法只有一個。您把頭歪到我這邊來，裝成對我講的話非常好奇的樣子，我就這樣低聲說話。

這樣，旁邊的人因為聽不到我說的話，就會想聽我說的話。

「我只要嘰嘰咕咕一陣子，妳就會看到，談話會一個個停下來，最後，除了我嘰嘰咕咕的聲音外，其他什麼聲音都沒有。」

接著，他就低聲講了起來：

「十一年前，我到芝加哥去參加歡迎格蘭特的慶祝活動時，第一個晚上設了盛大的宴會，到場的退伍軍人有六百多人。坐在我旁邊的是××先生，他耳朵很不靈便，所以有個習慣，不是好好地說話，而是大聲地吼叫。他有時候手拿刀叉沉思五、六分鐘，然後突然一聲吼叫，會猛然嚇你一跳。」

說到這裡，道奇夫人那邊桌子上鬧哄哄的聲音小了下來。然後寂靜沿著長桌，一對對一雙雙蔓延開來，馬克・吐溫用更輕的聲音一本正經地講下去：

「在××先生不做聲時，坐在我對面的一個人對他鄰座講的事快講完了……說時遲那時快，他一把揪住她的長頭髮，她尖聲地叫喚，哀求著，他把她的領子按在他的膝蓋上，然後用刺刀猛然一劃……」

到這時候，馬克・吐溫的玩笑已經達到了目的，餐廳裡一片寂靜。馬克・吐溫見時機已到，便開口說明他玩這個遊戲，是要請他們把應得的教訓記在心頭上，從此要講些禮貌，顧念大家，不要一大夥人同聲說話，讓一個人講話，其餘的人好生聽著。大家聽了，哄堂大笑，只是個個臉上的表情都有些尷尬。

話術補充站

批評別人，直話直說容易激起別人的憤恨，而且他們往往不會被你的直言直語所打動。我們都清楚，小孩子吃藥時，加點糖水一起送入口中，他們便會欣然服用。批評別人亦是同理，你若能給自己的語言裹上一層「糖衣」，別人將會在享受你的甜蜜過程中，更容易改過。

08 私底下指出他人的缺點

智慧的藝術就是懂得該寬容什麼的藝術。

——威廉・詹姆斯【美國】

每一個人都難免有缺點，並且可能在公眾場合表現出來，破壞氣氛。面對這種情況怎麼辦呢？是當場指出別人的缺點，還是先忍下，等到私底下再指出來？私底下指出應該是面對別人缺點採取行動的第一步。但有的人卻常常要麼容忍別人的缺點，要麼就直接對外宣揚，讓別人下不了臺。這種做法是不可取的。

做人要擁有一顆寬容的心。記得有位專家就說過，不要苛求別人，寬容才會讓你自己不斷趨於完美。在別人的某些缺點比較嚴重時，我們應該以私下談心的方式委婉指出來。急風暴雨不如和風細雨，當場訓斥不如私下談心。只有我們擁有了一顆寬容的心，別人才能感受到我們的真誠，在我們指出他們缺點的時候才能心悅誠服地接受。

朋友之間，指出缺點總是要擔負傷和氣的風險的，但作為朋友應該承擔這種風險。風險有大有小，關鍵是用的方法適當與否。從小處說，就是在私底下指出別人的缺點。人總是要講點面子的，指出缺點應該顧及對方的面子，說話盡可能婉轉一些，尤其不要當眾給朋友生硬「挑刺」。即使在私下場合指出缺點和錯誤，也應充分考慮讓對方愉快接受的方式，最好先聊聊其他事情，以便在溝通感情、融洽氣氛的基礎上再婉轉地指出問題。

指出缺點更多時候是發生在角色地位並不平等的人之間，比如上司對下屬，老師對學生。地位高的人可以公開指出地位低的人的缺點嗎?當然也不應該，上司和老師照樣應該維護下屬和學生的面子。

當員工違背明確的規章制度時，當然應當眾指出其過錯，在讓他認識到缺點錯誤的同時，也可對其他人起到警示作用。假若員工在工作上出現小小的失誤，而且不是有意的行為，可在私下為其指出來，或以含蓄、暗示的方式使其意識到自己的缺點。這樣既能維護他的面子，又能達到幫他改正缺點的目的。

作為老師，對學生的缺點也要有一些「春秋筆法」。

劉老師班上有個女學生很優秀，但女學生看到別人比自己成績好，心裡就不平衡。劉老師後來透過網路聊天軟體和她聊天，引導她克服心理障礙。這個女學生很感激老師，最後也順利地調整了自己的情緒。對其他有缺點的學生，劉老師也儘量採取類似方法。老師照顧學生們的面子，學生們也盡力改正自己的缺點。

有一次，劉老師經過教室，聽到一位同學用粗話罵老師，他裝著沒聽見，事後私下把那位同學請到辦公室，告訴他老師已經聽到他說的那句話了，但不想當著全班人來指責他，是為了尊重他。於是學生很誠懇地承認了自己的錯誤並向老師道歉，後來也變得有禮貌了。

試想，如果劉老師當時走進教室狠批他一頓，不但自己下不了臺，還有可能換來學生更難聽的粗話。

人活一張臉，樹活一張皮。一個人的自尊是最寶貴也是最脆弱的。很多談話高手在批評別人時，都會選擇一種委婉的方式，而不是不看場合、直言直語、大批一通。因為這樣會令對方難堪至極，不但達不到批評教育的目的，日後對方也會對此心生忌諱。

聰明人總是在發現對方的不足時，想辦法找個機會私底下向他透露，而且批評也是較為含蓄的，甚至他會將批評隱藏在玩笑中，這樣就能讓對方很容易地接受建議了。

話術補充站

在與人相處的過程中，我們難免會因需要而去批評他人。如果將批評在小範圍裡進行，就能夠創造親近融洽的語言環境。如果一定要在公眾場合批評，措辭也應審慎，不宜過於強硬。

09

運用「夾心餅」批評藝術

人們嘴上要你批評他，其實心裡只要讚美。

——毛姆【英國】

批評下屬是一件不太輕鬆也不容易的事情，有時會令那些缺乏管理知識和經驗的上司感到無所適從。但是，如果上司不懂得如何批評下屬，就有可能降低部門的工作效率，甚至影響整個團隊的工作情緒。

批評是引導，是一種警醒性的引導。因此，上司在對下屬進行批評時，一定要講究方式方法，講究批評的藝術。這裡有一個簡單的妙方：有褒有貶，在批評他的錯誤和指出其不足的同時，不忘給予他成功方面的某些肯定。

喬治在這個方面的運用上是位專家。他所發明的「夾心餅」法，真是讓人拍案稱絕。這種方法就是，把你所要批評的東西作為一種餡，放在兩件值得表揚的事中間，「公司不能沒有你，我希望你能明白自己的位置，我們大家對於你的工作寄予厚望！」

顯而易見，上面所舉的「夾心餅」例子，就是把要批評的作為餡夾到兩件值得表揚的事之間，這樣不至於讓受批評者感到尷尬和難受，進而在內心深處加以接受，同時又不傷害作為一個重要職員的自尊。受批評者既明白了自己的錯誤之所在，又認識到自身存在的重要性，在改正錯誤後，就會更加努力地工作。

瑪麗在對待員工工作中出現的問題時，採取的做法就是「先表揚，後批評，再表揚」的「夾心餅」批評藝術。這就是說，無論批評什麼事情，必須找點值得表揚的事留在批評前和批評後說，絕不可只批評不表揚，即加在兩大讚美中的小批評的「夾心餅」式批評，這是瑪麗嚴格遵循的一個原則。

她說：「批評應對事不對人。在批評前，先設法表揚一番。在批評後，再設法表揚一番，力爭用一種友好的氣氛結束談話。如果你能用這種方式處理問題，那你就不會把對方臭罵一頓，要讓當事人確切地知道，他們對他的行為是怎麼樣的氣憤。主張這樣做的人認為，經理應當把怒火發洩出來，讓對方吃不完兜著走，絕不可手軟，發洩過了以後或許以一句帶有鼓勵對方的話結束談話。

儘管一些研究管理辦法的顧問鼓吹這種辦法如何如何有效，但是我不敢苟同。你要是把人臭罵一頓，那他也必定嚇得渾身哆嗦，絕不會聽到你顯然是罵夠了之後才補充的那句帶點鼓勵的話。這是毀滅性的批評，而不是建設性的批評。」

需要批評下屬時，不要當眾責備下屬當然是最好的。可是，有些上司比較容易衝動，特別是看到下屬犯了比較嚴重的錯誤，嚴重影響全體的時候，就可能按捺不住火氣，當眾責罵起下屬來。這時，就好像是「丟了羊」一樣。為了防止繼續「丟羊」，就必須立即採取「補牢」的措施，使你因一時衝動而產生的副作用減到最小。

某位老總脾氣比較暴躁，並且對工作總是一絲不苟，如果看到部門經理工作不負責任，或者令他不滿意，就會情不自禁地要當時當地直截了當指出來。儘管老總這樣做是為了工作，部門經理心裡也明白，知道老總並不是責罵他一個人，但是心裡畢竟不是滋味。

事後，老總冷靜下來，知道自己太衝動了，而且後來聽下屬解釋說，這個部門平時工作也是十分出色的，只是因為特殊情況有些小錯，但工作成果還是可觀的。

於是，老總馬上進行「補牢」工作。那天在他下班之前，派人把部門經理找來說：「今天委屈你了，首先怪我太衝動沒有充分瞭解情況，對你的責怪不當，請原諒。不過，你們部門的工作仍需要提高，相信你能做到這一點。」

幾句話讓部門經理的心得到了安慰，同時又有一種被信任感，再大的委屈也就拋到九霄雲外去了。俗語說「打人一巴掌再給一個甜棗」，雖然不能輕易地「打一巴掌」，但既然「打」了，給與不給「甜棗」的效果便大不相同。

丟了羊，再補牢這是一個不是辦法的辦法，但當你因為一時衝動當眾責備了你的下屬時，不妨一試，相信會有效果的。

話術補充站

很多人之所以無法講出讚美的話，是因為沒有認真去觀察對方，找不到可以表達讚美的角度。其實，只要你用心觀察，一定可以找出值得讚美的地方，哪怕只是對方打了一條特殊花色的領帶，擦了看起來很有精神的口紅，或氣色十分爽朗，都值得你向他表達讚美。

10

旁敲側擊，暗示對方自我批評

在各種藝術日臻完美的同時，批評藝術也在以同樣的速度發展著。

——伯克【愛爾蘭】

大多數的人臉皮都很薄，一般批評點到為止，不用說得太露骨，稍微旁敲側擊，大家都會明白，下次便不會再犯。而且這種方式，也能顯示出批評者說話的技巧和魅力。

有一次宴會上，一位出奇肥胖的夫人坐在身材瘦小的蕭伯納旁邊，帶著嬌媚的笑容問大作家：「親愛的大作家，你知道防止肥胖有什麼辦法嗎？」蕭伯納鄭重地對她說：「有一個辦法我是知道的，但是我怎麼想也無法把這個詞翻譯給妳聽，因為『運動』這個詞對妳來說是外國語呀！」

蕭伯納這種含蓄委婉、柔中帶剛的批評，比直接對夫人說她太懶惰效果好得多。這種方法一般採用間接的話語，聲東擊西，讓被批評者自己有一個思考的餘地。其特點是含蓄，不會傷害被批評者的自尊心。

最為高明的手段是根本不提「批評」二字，而是啟發聽者自己做自我批評。

據某單位幾位老員工反映，晚上住在機關宿舍樓上的年輕人不注意保持安靜，因此老員工在樓下睡不好。經理和這些年輕人閒談時，講了一則笑話進行暗示：

有個老頭神經衰弱，稍有聲響，就很難入睡。恰好樓上住了一個經常上晚班的小夥子。小夥子每天下班回家，雙腳一甩，將鞋子「噔噔」踢下，重重地落在地板上，每次都將好不容易才入睡的老頭驚醒。

老頭向小夥子提了抗議。

當晚小夥子下班回來，習慣性地把腳一甩後，突然想起了老頭的話，於是輕輕脫下第二隻鞋。第二天一早，老頭埋怨小夥子說：「你一次將兩隻鞋甩下，我還可以重新入睡，你留下一隻不甩，害得我等你甩第二隻鞋等了一夜。」

笑話說完，年輕人哈哈大笑之後，悟出了笑話所指，以後就很注意了。

批評的話並不是隨口說出來的，我們必須思考應該以什麼樣的方式把它說出來而不會讓對方難堪，運用暗示的方法，對於那些有自知之明的人是最好的批評方式。

話術補充站

指正的話越少越好，能用一、兩句使對方明白就行了，然後把話題轉到其他方面，不要嘮叨不休，使對方陷於窘境，產生反感。對方做一件事情，其中有錯誤的地方應該指出，做得正確的地方應該加以讚揚，這樣對方就會因為你賞罰分明而心悅誠服。

改變對方的觀點時，最好設法將自己的觀點在暗中移植給他，使他覺得是自己改變的，而不是因為你的指正。

11 建議性的批評，讓對方更容易接受

難得是諍友，當面敢批評。

——陳毅

一般人多不願正面批評別人以免造成摩擦，但發生錯誤後如果沒有當場糾正，慢慢累積到非常嚴重才開口，往往容易變成破壞性的批評，批評者語帶威脅或言語刻薄，被批評者因而心生反感，批評者又覺得受辱而積怨，造成惡性循環。因此，及時而公正的批評是必須的。儘管如此，批評還要小心，最好是建議性批評。

建議性批評強調對方的功勞及可改善之處，而不是借問題進行人身攻擊、批評對方

個性上的缺陷，以防止對方採取防衛性姿態，聽不進忠告。

批評時應具體說明問題之所在。同樣的，稱讚對方時也要具體說明，否則對方也不容易從中學習。提出解決方案：批評時應針對問題，提出對方未曾想到的方向、癥結所在或相應的措施，讓被批評者去思考自己的問題。這是解決問題的方式，而不是引起新問題的手段。而建議性的批評就在於它的目的是解決問題。

儘量採用與當事人私下面談的方式。在公開場合批評，較容易讓對方不自在或有受辱的感覺。私下晤談的效果較佳，一方面使對方瞭解所犯的錯誤，另外也提供對方說明或澄清的機會。

當然，批評時應有同理心，考慮別人聽到批評後的感覺。如果以打壓或貶損等方式來批評別人，不但不容易被接受，反而引起怨恨、自我防衛與反彈現象。如果有機會讓不同專長與背景者，以工作小組的方式為共同的目標努力，將有助於團隊。

批評是教育學生的一種手段，恰到好處的批評，能夠有效地糾正學生的不良行為和缺點，但如果掌握不好尺度，則會使學生失去自尊，自暴自棄。所以說，苦口良藥學問深，教師該抓住時機，採取適當的批評方法，才能藥到病除的收到良好的效果。

建議性的批評，是指正批評時帶有商量、討論的口氣，與學生交換意見的批評。一般的做法是老師以商量問題的態度，把批評的資訊傳遞給學生，與學生交談時，平心靜氣，製造寬鬆、愉快的氣氛，使學生打消顧慮與教師配合，達到圓滿解決問題的目的。

企業的領導人在員工遇到發展障礙或績效欠佳時，如何與員工進行溝通，還要講究一定的方式和方法，處理得好，將激勵員工發揮出更大的潛力；稍有不慎，則不但會打擊員工的士氣，甚至還會影響到企業整體的績效。這種情況下，我們就需要建議性的批評。如果只是惡言惡語的批評，員工可能不會改正錯誤，反而會自暴自棄、變本加厲，工作將更難以進行下去。

那麼，建議性批評應該怎樣來進行呢？首先，要就員工的優點和成績給以充分的肯定，批評僅侷限於兩、三個關鍵的方面。

其次，要只對事不對人。否則只會把事情越辦越糟。這就要求主管不論在口氣與還是在態度上，都要讓員工感到你是真心誠意在為他著想。正如台達集團創辦人鄭崇華在一次記者訪談中所說的：「讓年輕人做事就要容忍他們身上的毛病，犯了錯誤他們會自動改正，如果不是故意犯錯的話，我們不會故意懲罰他，因為他自己心裡已經很難過了，你就不要再刺激他。」

最後，組織的領導人要培養組織形成一種學習的氛圍，把犯錯誤當成是一種員工學習、成長的機會，一個企業只有在它的大部分員工都在成長和發展時，它才有可能實現真正的發展和壯大。要使批評具有建議性，實施起來並無多大難度，也不會花費企業太多的人力與物力，而它所產生的潛在、長遠的效益是不可估量的，關鍵就在於企業領導人和主管的足夠重視，和要在實施過程中真正體現對員工成長的關懷。

話術補充站

任何一個談話高手都知道，批評的話最好不超過三、四句。會做工作的人，在對別人進行批評教育時，總是三言兩語見好就收，不忘給對方留一定的餘地，而有的人就不是這樣了，他們總是不肯善罷干休，非把對方批得「體無完膚」不可。

心裡明白，嘴上糊塗好辦事

01 在語言上賣弄聰明，無異於自取滅亡

是金子總會發光。
——俗語

俗話說：「是金子總會發光。」如果你是真正的聰明，那麼就不要總是在嘴上過於「賣弄」你的聰明。那樣，不但會使你的聰明變得「廉價」，有時還會給你帶來一些不必要的麻煩。

要小聰明的人頭頂懸著一把劍，而這把劍隨時都可能落到聰明者的頭上，斬下他的頭顱。因此說，過於要小聰明是一種極其危險的遊戲。雖然每個人都想表現得很聰明，

但是如果一個人總是耍小聰明，那麼就成了一種愚蠢的行為了。

在一座深山裡，有一群猴子，相處得非常和睦，就像大家庭一般。但是其中有隻猴子特別精靈，什麼事都想帶頭當大王，於是，其他猴子都離牠遠遠的。這隻猴子想：「我比你們聰明、精靈，為什麼大家都排斥我？好吧！沒有你們，我也能生活得很好。」牠依然我行我素，非常驕傲。

有一天，獵人來到山上，遠遠地看到了猴群，於是走上前去。所有的猴子都嚇得一哄而散，趕緊躲起來，只有那隻精靈的猴子依然在樹上跳來跳去，逗弄獵人，賣弄牠的聰明。

獵人張開弓箭向牠射去，但射了好幾箭都射不到。其實獵人原本無意射殺猴子，誰知猴子卻調皮地一直捉弄他。最後獵人被氣得怒火中燒，於是邀集了一群獵人，說：「來，我們同時把箭射過去！」儘管那隻猴子非常靈敏，仍逃不過眾人同時射出的箭，結果身中好幾支箭死了。

這個故事告訴我們：做人不能趾高氣揚，賣弄聰明。賣弄聰明是不明智的，對於尋求事業的更好發展也是百害而無一利的。整天自以為高人一等，自然會變得不思進取，阻礙發現自身的問題。最為嚴重的是引起別人的反感，走進人生的死胡同。

三國時的楊修就是一個看似聰明卻愚蠢至極的人。他為人恃才傲物，數犯曹操之忌。曹操兵出潼關，到藍田訪蔡邕之女蔡琰。蔡琰字文姬，原是衛仲道之妻，後被匈奴擄去，於北地生二子。曹操深憐之，派人去贖蔡琰。匈奴王懼曹操勢力，送蔡琰還漢朝，曹操把蔡琰許配董祀為妻。

曹操一日去訪蔡琰，看見屋裡懸一碑文圖軸，內有「黃絹幼婦，外孫虀臼」八個字。曹操問眾謀士誰能解此八字，眾人都無法回答，只有楊修說已解其意。曹操叫楊修先勿說破，讓他再思解。

告辭後，曹操上馬行三里，方才省悟。原來此含隱語「絕好好辭」四字。曹操也是絕頂聰明的人，卻要行三里才思考出來，可見急智捷才遠不及楊修。

後來，曹操命人建造一所花園。建造完成後曹操去觀看時，不置褒貶，只取筆在門上寫一「活」字。他人不知何意，楊修說：「門內添活字，乃闊字也。丞相嫌園門闊耳。」於是翻修。曹操再看後很高興，但當得知是楊修析其義後，內心已忌楊修了。

又有一日，塞北送來酥餅一盒，曹操寫「一合酥」三字於盒上，放在臺上。楊修入內看見，竟與眾人分食。曹操問為何這樣？楊修答說，你明明寫「一人一口酥」嘛，我們豈敢違背你的命令？曹操雖然笑了，內心卻十分厭惡。

曹操怕人暗殺他，常吩咐手下的人說，他好夢中殺人，凡他睡著時不要靠近他。一日他睡午覺，把被蹬落地上，有一近侍慌忙拾起給他蓋上。曹操躍起拔劍殺了近侍，復又睡下，醒來時大驚。大家告訴他實情，他痛哭一場，命厚葬之。因此眾人都真以為曹操夢中殺人，只有楊修知曹操的心，於是便說「丞相非在夢中，君乃在夢中耳」，一語道破天機。

凡此種種，皆是楊修的聰明觸怒了曹操。楊修後來終於為曹操所殺，就植根於他的聰明才智和喜歡強出頭的惡習。

從上述事件中，可以看出楊修是非常聰明的，聰明得能看到別人看不到的許多東西，能猜透別人猜不透的許多事情。然而，從另一個角度看，他又是十分愚蠢的，愚蠢到不知在嘴上有所收斂，暴露了自己的才華。終於，他表面的聰明使他不可避免地走上了絕路。他到死都不明白，正是他的過分外露的聰明使他成了刀下鬼。

雖然他的聰明使他招人喜歡，招人讚賞，但是他濫用了自己的聰明。最糟糕的是，他又自恃聰明，動不動就表現出來，終究被曹操抓住了把柄殺掉了。

處在一個明爭暗鬥的官場，這樣的人是註定成不了大氣候的，註定會被人丟棄在權力的道路上，成為一個「荒野孤魂」。在處理人情世故的過程中，我們也要注意這一點，千萬不能因嘴上不收斂而招來禍事，最終自取滅亡。

話術補充站

其實，喜歡嘴上耍小聰明的人一般都不會有什麼好的下場，首先，你完全將自己暴露在別人面前了，這讓對方對你的一切瞭若指掌；其次，你的小聰明很可能給對方造成一定的威脅，對方當然第一個想要將你除去，避免你日後給他帶來不必要的麻煩。

02 別人在言談中扮聰明時，你不妨「裝傻」

一個精明的人要想不受欺騙，有時只需不精明就夠了。

——拉羅什富科【法國】

現實生活告訴我們，做事過於精明，只顧眼前利益，往往會因小失大，得不償失；糊塗一下，也許會有另外一番景象。所以，當身邊的人都在竭盡所能表現自己聰明的一面時，你不妨試著裝傻，說不定反而能起到不錯的效果。因為裝傻充愣，可以避開不想面對的敏感處。模糊應對，這也是一種大智若愚的拒絕態度和情操。

人際場上，很多人都特別擅長模糊迂迴的圓融之道。在日本有這樣一個故事，很能給人啟發：

一位名叫宮一郎的青年去拜訪廣源先生，想將一塊地產賣給他。

廣源聽完宮一郎的陳述後，並沒有做出「買」或者「不買」的直接回答，而是在桌子上拿起一些類似纖維的東西給宮一郎看，並說：「你知道這是什麼東西嗎？」他似乎已經忘記了宮一郎上門的目的。

「不知道。」宮一郎回答。

「這是一種新發現的材料，我想用它來做一種汽車的外殼。」廣源詳細地向宮一郎講述了一遍。廣源先生共講了十五分鐘之久，談論了這種新型汽車製造材料的來歷和好處，又誠誠懇懇地講了他明年的汽車生產計劃。

廣源談的這些內容宮一郎一點也聽不懂，但廣源的情緒感染了宮一郎，他感到十分愉快。在廣源送宮一郎時順便說了一句：「不想買那塊地。」

廣源的高明之處在於他沒有一開始就回拒宮一郎。如果那樣，宮一郎就一定會滔滔不絕地勸說他買那塊地。而廣源採取了迴避的態度，裝作好像根本沒聽懂宮一郎的話，沒有給他勸說的時間，在結束談話時輕輕一拒不失為高明之法。

裝傻充愣並不是真傻，而恰恰是一種高明的陰柔之道，它真正體現的是你的聰明與靈活。它主要有兩種形式，一是沉默不語，裝聾作啞；二是答非所問，模糊應付。

在處理人情世故的過程中，我們所接觸的人是形形色色的。於是，很多情景或事情的發生都可能不在我們的預料之中。其中，敏感性話題的突然出現，就是一個令很多人都感到棘手的應酬難題。這種情況下，裝傻充愣便成了基於傳統文化而催生的一種至高無上的人生境界，其表現為內細外粗，是生活中為人處世極具實際價值的心術智慧。

話術補充站

當周圍的人都表現得精於世故時，你應該適當裝傻，這樣可以降低別人的防禦，在別人互相爭鬥的過程中，你可以坐收漁人之利，何樂而不為呢？

03 靠「糊塗」維持局面的和諧

聰明難，糊塗難，由聰明而轉入糊塗更難，放一著，退一步，當下心安，非圖後來福報也。

——鄭燮【清】

生活中，諸如功名、利益、事業、地位和家庭的成就，是每一個人夢寐以求的東西，也幾乎都會將自己一生的精力投注於這方面去努力。精打細算雖然有助於事業的經營，有助於提高做事的效率，然而一個精明幹練的人，卻難以獲得大多數人的喜愛。尤其是在為人處世方面，往往會遭遇一些無法預料的阻力，這也是做人最難的地方。所以說，對於有些人說話辦事，應該學會糊塗。

不過，到底什麼時候應該糊塗？什麼時候不該糊塗？什麼事可以糊塗？什麼事不能糊塗？糊塗話怎麼說才算恰到好處？說起來都是一門很深的學問，在什麼時機應當「從糊塗中入，從聰明中出」，或在什麼時機應該「從聰明中入，從糊塗中出」，都是有規律可循的。如此出出入入，由聰明而轉糊塗，由糊塗而轉聰明，不可說不是一門高深的學問。能夠掌握其中的要領，也就成為一個真正的智者了。

春秋時期的楚莊王是個大度的人。一次，他請了很多臣子們來喝酒吃飯，席間歌舞妙曼，美酒佳餚，燭光搖曳。同時，楚王還命令兩位他最寵愛的美人許姬和麥姬輪流向臣子敬酒。

忽然一陣狂風刮來，吹滅了所有的蠟燭，漆黑一片，席上一位官員乘機揩油親澤，摸了許姬的玉手。許姬一甩手，扯下了他的帽帶，匆匆回到座位上並在楚王耳邊悄聲說：「剛才有人乘機調戲我，我扯斷了他的帽帶，你趕快叫人點起蠟燭來，看誰沒有帽帶就知道是誰了。」

楚王聽了，連忙命令手下先不要點燃蠟燭，卻大聲向各位臣子說：「我今天晚上，一定要與各位一醉方休，來，大家都把帽子脫了痛飲一場。」

眾人都沒有戴帽子，自然也就看不出是誰的帽帶斷了。

後來，楚王攻打鄭國，有一健將獨自率領幾百人，為三軍開路，斬將過關，直通鄭國的首都。而此人就是當年揩許姬油的那一位，他因楚王施恩於他，而發誓畢生效忠於楚王。

楚王具備豁達豪邁、寬容大度的素質。當有人調戲自己的妃子時，卻做出了令那位調戲者也沒有想到的決定。之所以楚王當時能夠順利地平定內亂，奪取霸業，後來成為春秋「五霸」之一，這與他的寬容大度、小事糊塗、善於籠絡部屬是緊密相連的。

曹操焚燒他的下屬私通袁紹書信的故事，在中國歷史上也是非常有名的一個「糊塗事」。西元二〇〇年，袁紹在官渡決戰曹操，袁紹被打得大敗。曹操在收繳袁紹往來書信中，得到自己軍中有些將領寫給袁紹的信。在其他人看來，這正是一個查明內部有什麼人是不穩定因素的最佳時機。但是如果查出了這一點，對曹操的事業來說又沒有任何的好處。袁紹被擊敗了，那些不穩定的因素也已經斷掉了想法和希望，而此時的曹操正處於開始階段，很需要人手。

如果要查的話，肯定會引起這些人的驚慌和恐懼，內部會更加的不穩定。所以，曹操在這個問題上表現得非常的「糊塗」，他把收繳來的信全部都付之一炬，說：「當紹之強，孤猶不能自保，況眾人乎！」對不穩定的人，表示理解。

事實證明，不知道不需要知道的事，下屬會因此而覺得自己很受信任，原本搖擺不定的人很可能因受到信任而忠心耿耿，一心一意為事業服務。很多時候，我們需要靠「糊塗」來維持局面的和諧和穩定。在這種情況下，說話糊塗並不代表真的糊塗，這只是聰明人為了讓事情達成最好結果，所用的計策罷了。

話術補充站

聰明的人應該學會講糊塗的話，並且心裡要一清二楚、明明白白。之所以嘴上糊塗，是為了不得罪人、不讓對手起疑心、不給成事增添阻力。

04 嘴上的聰明要適可而止

說的比誰都聰明，做得比誰都糊塗。

——蒙古族諺語

古典名著《紅樓夢》中的王熙鳳，何等的冰雪聰明，簡直就是女人中的精品，恐怕這世上有很多男人都不及她。她八面玲瓏、九面處世、外柔內剛；她笑裡藏刀表面向你微笑，心裡卻在給你布下圈套。一個圖上她美色的賈瑞，被她的計策整得一縷孤魂上青天；一個看上她老公的尤二姐，被她的兩面三刀給逼得吞金自盡；而她的「偷梁換柱掉包計」則送掉了顰兒脆弱的性命。

誠然，王熙鳳的能耐大得能登天，整個榮寧兩府在她的整治下服服貼貼，一個秦可卿出殯這樣的大事到了她手裡簡直是小菜一碟。她能說會道，賈府上下無人不曉她璉二奶奶。可是王熙鳳也是一個精明過火的女人，精明到處處好強、事事爭勝，哪兒都落不下她，尤其那張嘴，總是不饒人，終於得罪了大太太，加之賈母撒手人寰，她的靠山沒了，最終送了性命。

紅學家們感慨這樣一個精明能幹的女人最終結局卻如此悲慘，全在於她畢竟是一介女流，畢竟沒有看透官場上的處世哲學——難得糊塗。

為人處世，是精明一點好，還是糊塗一點好，各人有各人不同的答案。但是卡內基認為，人脈中還是「糊塗」一點好，當然這種糊塗並不是真的糊塗，而是希望我們學會一點大智若愚的技巧，避免一些弄巧成拙的尷尬。

二戰期間，當德軍進攻英國時，英國首相邱吉爾頻頻向羅斯福發出告急求救，懇求美國伸出援助之手，面對整個社會對戰爭的反對態度和國會的僵硬立場，羅斯福總統心有同情卻無力行動。但羅斯福一方面順應國內的和平願望，另一方面又以偉大政治家的智慧重視著戰爭形勢的發展，保持對希特勒德國和日本軍國主義的理性認識。在一九四〇年最後幾個星期，美國國會通過了租借法案，羅斯福終於贏得了一次勝利，而美國離參戰也只差一個時機了。

終於還是日本帝國主義為羅斯福創造了這個千載難逢的「時機」。一九四一年十二月七號星期日，珍珠港事件爆發，日本投向珍珠港的炸彈不但粉碎了美國艦隊，同時也打破了羅斯福戰爭政策的僵局。當許多人認為，羅斯福總統應該在他的戰爭諮文中詳細檢查一下他的對日政策時，羅斯福根本不予關注，對他來說，唯一重要的是戰爭這個事實本身。

第二天，當他出席國會兩院聯席會議時嚴肅地要求國會宣佈全國處於戰爭狀態時，他演說中最重要的一句話就是「戰爭狀態已經存在」。是的，高潮只有幾個小時，然而它所帶來的教訓，卻是羅斯福平日的說教所達不到的。羅斯福的「袖手旁觀」，靜待時機，使他面臨大事不糊塗，並取得了最後的成功。

其實「糊塗學」就是做人的智慧，這包括了知、情、意三個方面的綜合體現，在「知」的方面，「糊塗」就是承認人的認識的有限性，不過分依靠和賣弄自己的智慧。勿恃小智，勿弄奇巧，息競爭心，它包含了大智若愚、藏巧於拙，順手自然、無為而治，謹言慎行、因勢利導，精益求精、善於其技，虛心納諫、博採眾長，居安思危、留有餘地等範疇。

在「情」的方面，就是安貧樂道、隱忍退讓、息貪婪欲，它包含安守本分、不要凡事強做，淡泊名利、寧靜致遠，樂天知命等。在「意」的方面，就是淡泊明志、立身端方、守清正節，包含寵辱不驚、功成不居，嚴於律己、寬以待人，剛正不阿、潔身自好等。

當然，糊塗的範疇很廣，我們在這裡無法把所有的都涵蓋，只能說真正的大智若愚還要在日常的累積中感悟。真正能巧用模糊語言，偶爾裝裝糊塗，將有助於經營你的人脈，改善你的人際關係。

話術補充站

一般來說，嘴巴太笨的人，不會太招人喜歡；嘴巴太聰明的人，也容易招人反感。我們在與人交流的過程中，一定要掌握好尺度，該靈活是要靈活，該糊塗的時候也得糊塗。

05

「語」高蓋主只會招來厄運

今天倒運的人，也許明天走運，所以一個精明的外交家總是給未來留下餘地的。

——羅曼・羅蘭【法國】

有一位國王，整天揮霍無度。一天，財政大臣決定策劃一場前所未有、最為壯觀的宴會，以討國王的歡心。

顯赫的貴族以及最偉大的學者，都參加了這場為國王準備的宴會。劇作家甚至還為這次盛會寫了一個劇本，並在晚宴時，予以表演。宴會之後，眾嘉賓一起參觀財政大臣特地為國王修建的別墅、庭院和噴泉。財政大臣本人陪伴著國王走過呈幾何圖形排列的灌木叢和花壇，觀看煙火和戲劇表演。宴會一直延續到深夜，賓主盡歡，人人都認為這是他們所見過最令人讚歎的盛事。

然而出人意料的是，第二天一早晨，國王便下令逮捕了財政大臣。三個月後，這名財政大臣被控私自侵佔國家財產。事實上，他被指控的罪行都是全部得到過國王許可的，但財政大臣還是被送上了斷頭臺。因為國王傲慢自負，他希望自己永遠是眾人注目的焦點，無法容許任何人搶佔自己的風頭。

當上司的人大多有點「武大郎開店」的心態，不希望下屬的才能高過自己。這就是以上寓言給我們的啟示，財政大臣本以為完成自己完美的策劃會受到國王的稱讚，但他忘記了，他的風頭蓋過了國王，所以最後招來殺身之禍。

在平時的工作中，優秀而有實力的人來到一個部門，上司表面上會說這是如虎添翼，私下裡卻憂心忡忡。他擔心的是自己某一日會不會被擠走，而如果來的是一位平庸之輩，他倒會高枕無憂。

因此，聰明的下屬要學會遮掩自己的才華，並且以口頭上的虔誠愚鈍來襯托上司的高明，進而獲得上司的賞識和垂青。當上司的新點子實行後，可先裝作不理解，然後才大徹大悟，繼而拍手叫好；如果對某項工作有見解，明裡不說，可底下獻計。

與上司相處的哲學就是該裝糊塗的時候不妨裝一下，以免上司疑心病重。其實，上司的這種心態也是可以理解的，因為，在他漫長的人生旅途中，難免有一些人會背叛他，或是得了他的好處卻不知報答……所以，久而久之，他對別人都不太敢推心置腹了。如果遇到比自己能力強的下屬，就會感到很不安心。他要覺得下屬永遠比自己差一截，才會有成就感。因此，如果你想取悅他、令他印象深刻，就不要過分展現你的才華，否則，有可能產生相反的效果——激起他的畏懼和不安。

不要總是自以為是，那樣只能為你帶來更多的麻煩，招惹上司對你有什麼好處呢？就讓他成為最光彩照人的那一個吧，只有這樣做，你才會受到他的青睞。

話術補充站

自古以來，功高蓋主的人都沒有好的下場，現實生活中也是如此，在嘴上招惹上司只會讓其對你心生不滿甚至厭惡，以後在工作中處處刁難你，那實在是得不償失。

06 腦袋精明比不上嘴巴糊塗

頭者，精明之府，頭傾視深，精神將奪矣。
——《素問》

自古至今，聰明有才的人比比皆是。和珅有才，所以官至文華殿大學士，家財八億兩，卻因為機關算盡太聰明，到頭來「百年原是夢，卌載枉勞神」，不僅八億兩家財入了國庫，連命也丟了。

聰明是件好事，但聰明是一個帶有限定性的詞，處理不好，就會反被聰明所誤，所謂物極必反，任何事情都有一個限度。遊刃職場也是如此，我們可以腦子聰明，但嘴巴一定要糊塗一點，否則倒楣的就會是自己。

某公司來了兩個新員工，一個是研究生李育民，一個是本科生張晉志。

育民沒有什麼過人之處，相貌普通、能力平平，連許多基本的電腦操作都不太懂，讓人驚訝的程度不亞於聽說一個高中生不會寫自己的名字，於是同事常見他坐在電腦前忙忙碌碌，或者對一些簡單的問題都會積極問別人，他常常跟同事說：「我太笨了，什麼都不懂，幸虧有大家幫我，不然我都不知道怎麼辦了。」周圍的同事因此對他的評價還都不錯，覺得這個年輕人謙虛有禮、踏實勤勉，一點都沒有研究生的架子。

相反的，另一個大學生張晉志，做事效率極高。什麼事到他手上，他只需留心看看人家的做法，便已熟知工作流程並且三、兩下就完成了，別人需要三天做的事他可能一天就綽綽有餘，根本就沒有向前輩請教的機會。時間長了，單位的人都覺得晉志志太精明，口風很緊，私心很重，有好的方法也不肯對別人透露。

年終考評時，育民得到大家一致好評；對晉志，則很多人選擇了語氣虛虛的「也不錯」。看得出晉志聰明能幹的對他心懷戒備，唯恐自己日被「後浪」拍死在沙灘上，於是都裝聾作啞。上司賞識育民的勤勉，也相信群眾的眼睛是「雪亮」的，卻沒想到群眾的眼睛都是閉著的。

事實上，不只是職場、商場、談判場、日常生活中等等，只要是需要與他人打交道的環境中，精明過頭都不是件好事，會嘴上裝傻才是真精明。

話術補充站

聰明的人都知道嘴上得罪人是不會有好處的，只有在嘴上適當裝傻，讓別人滿意，自己才不會得罪人，也才有可能獲取更多的利益。

07 說話不妨糊塗，但決策一定精明

小事不糊塗之謂能，大事不糊塗之謂才。

——司馬光【北宋】

生活中，我們常能聽到那些處世老練的前輩們歡這樣勸說剛步入社會、年輕氣盛的人：「算了吧，別在嘴上跟別人計較那麼多。」簡簡單單的一句話，卻是長期世事磨礪的總結。

不得不承認，人的一生精力有限，若對什麼事嘴上都不放鬆，那就會讓自己太累了。處世高明的人總是能做到說半句留半句，小事糊塗而大事清醒，既顯得寬容大度，又能保全自己。

西元九九五年，呂端被宋太宗提升為宰相。對這個一人之下、萬人之上的位子，呂端並不覺得有多了不起，他想的是如何調動全體臣僚的積極性，為此不惜自己放權和讓位。當時和他有著同樣聲望的還有一位名臣寇準，辦事幹練很有才能，但是性子有些剛烈。

呂端擔心自己當了宰相後寇準心中會不平衡，如果要起脾氣來，朝政會受到影響。於是就請太宗另下了一道命令，讓擔任參知政事（副宰相）的寇準和他輪流掌印，領班奏事，並一同到政事堂中議事。此請得到了太宗的批准，也平和了寇準的情緒。

後來，太宗又下詔說：「朝中大事要先交給呂端處理，然後再上報給朕。」但呂端遇事總是與寇準一起商量，從不專斷。

過了一段時間，呂端又主動把相位讓給了寇準，自己去當參知政事。這種主動讓權，在世人的眼中自然是「糊塗」的舉動。

有一年，朝中大臣李惟清被太宗從掌管全國軍事的樞密使位子上換下來，去當負責監察百官的御史中丞，雖然是平調，但實際權力發生了變化，他認為是呂端在中間使壞。於是，李惟清趁呂端有病在家休息沒有上朝的機會，告了呂端一個惡狀。

事情傳到呂端耳中後，呂端不以為然，既沒有去對皇帝說明，也沒有去找李惟清算帳，而是淡淡地說：「我一輩子行得正，坐得直，沒有做什麼對不起人的事，又怕什麼風言風語呢？」這種不與人計較的坦然心態也被人認為是『糊塗』。

在呂端剛剛擔任參知政事的時候，他從文武百官前面經過，一個小官由於平時聽多了呂端『糊塗』的傳聞於是對他很不服氣，以很不屑的口吻來了一句：「這個人竟也當了副宰相了？」

呂端的隨行人員生氣，要問那個人的姓名，看看他是做什麼的。呂端制止說：「不要問，你問了他就得說，他說了我也就知道了，而我一知道，對這種公然侮辱我的人便會終生不能忘。著意地去報復對我來說是肯定不會的，但以後如果有什麼事涉及他，撞到我手裡，想做到公正對待也一定很難。所以，還是不知道的好。」

這種君子不念惡，揣著明白裝糊塗的舉動對呂端來說，是一種反映自我修養的高尚境界，但在世人眼中，自然又被看成了「糊塗」。

呂端的「糊塗」，還在於他的不置產業。他不僅為官非常清廉，貪污受賄之事從來沒有，就是應得的那份俸祿也常常分出一些救濟照顧別人。以致於後來呂端去世後，他的兩個兒子竟因生活困難，沒錢結婚，只好把房產抵押給別人。

真宗皇帝知道這個事情後，很受感動，從皇宮的開支中支出了五百萬錢幫他們把房產贖了回來，另外又賞了不少金銀和絲綢，替呂家還清了舊帳。以宰相之尊，而後人貧困至此，在常人的眼裡又是多麼「糊塗」。

呂端一生經歷了三代帝王，在四十年的宦海生涯中幾乎沒有受到什麼衝擊，這種經歷在封建王朝中實在是不多見的。這與他在大局、大節問題上毫不糊塗，但在事關個人利益的問題上嘴上都能「糊塗」了事有很大關係的。

對於我們現代人來說，不管是當官還是為人處世，都應該學學這種「糊塗」的精神。

話術補充站

現實生活中，過於清醒、喜歡嘴上占盡優勢的人要時刻面對許多的痛苦和麻煩，而「糊塗」實在是保全自我的處世之道，因為沒有人會對一個連口頭上都不會為自己爭取更多利益的人戒備，而糊塗下面掩藏的清醒則是你出奇制勝的關鍵。

08 棘手的事，模糊表態不犯錯

> 虛心不是一般所謂謙虛，只是表面上接受人們的意見，也不是與人們無爭論無批評，把是非和真理的界線模糊起來，而必須保持自己的政治立場，當自己還未瞭解他人意見時不盲從。
>
> ——徐特立

有些時候，明白直露的說話方式造成的後果不是傷人就是害己，然而默不做聲又不免讓人認為是愚蠢或毫無見解。倘若迫於情勢，過於直接表態對自己不利，而又不得不有所表態的話，最好還是模糊表態。這樣，就給自己以後的態度留下了迴轉的餘地。

有兩位中級主管近來雙方感情惡化，公司經理便把他們兩人找來，動之以情：「你們兩人就如同車子的兩個輪子，只要有一方脫離，整個車子就無法動彈了。希望你們同心協力發揮力量，把工作做得更好。」

兩位中級主管缺乏作為總經理助手應該怎樣做的自覺意識，缺少公司是一盤棋的觀念。於是經理便又說道：「部門的職能就像一位家庭主婦，主婦如能盡心盡力地把家弄好，這位戶主在公司才能安下心來去闖事業。」

之後，這兩位主管之間關係出現了緩和。

案例中，經理沒有判明誰是誰非，模糊表態，乾脆給出一個「各自分路而行」的解決方案，讓兩人都有了充分的理由調轉車頭，找個臺階下。這樣，兩人的爭執就「不明不白」地解決了。

所謂模糊表態，是指人們運用語言的模糊特徵，表達思想、情感並進行交流的一種語言表達方式和表達技巧。這樣的表達可以增強語言在交際中的適應性、靈活性和生動性，也有利於傳情達意的準確性。

據說，有人問美國天文學家鐘斯：「地球有多大年齡，你能說清楚嗎？」鐘斯回答：「這也不難。請你想像一下，有一座巍峨的高山，比如說高加索的厄爾布魯士山吧，再設想有幾隻小麻雀，牠們無憂無慮地跳來跳去，啄著這座山。那麼這幾隻麻雀把山啄完大約需要多少時間，地球就存在了多少時間。」鐘斯這種模糊的回答，不僅把一個容易引起爭議的難題化解了，而且使人意識到地球存在的歲月異常悠久。

生活中，當我們遇到比較棘手的事情，例如面對他人的質疑或者追問時，模糊表態是一種很有效的策略。模糊表態能把對方千斤的力量化於無形，同時還為自己爭取到思考對策的寶貴時間。另外，模糊表態會給對方製造一種高深莫測的感覺，使其不會對自己的行為產生懷疑。

話術補充站

運用模糊語言進行模糊表態時一定要適度。過之與不及都會影響表達的效果；要防止歧義和誤解，模糊語言不是歧義語言，不容許既可這樣理解也可那樣理解，它有明確的範圍性；要力求簡潔明快，切忌重複，繞彎子；運用時要靈活，不能不分背景、場合、對象地濫用，該模糊時模糊，不該模糊時不能模糊。

09 模糊語言，讓彼此不感到難堪

既有師法，又有變通。

——劉道醇【北宋】

卡內基認為，對於一些話題比較尖銳的事情，可以假裝糊塗，然後使用模糊語言，給對方一個模糊的意見，或者多用一些「好像」、「可能」、「看來」、「大概」之類看似模糊不精確的詞語，顯得留有餘地，語氣委婉一些。

在一些交流場合，尤其是在一些比較正式的場合，經常可以碰到一些涉及尖銳問題的提問，這些提問不能直接、具體地回答，又不能不回答。這時候，說話者就可以巧妙地用模糊語言表達自己的意見，讓當事雙方都不感到太難堪。

一個年輕男士陪著他剛剛懷孕的妻子和他的丈母娘在湖上划船。丈母娘有意試探小夥子，就問道：「如果我和你老婆不小心一起落到水裡，你會打算先救那個呢？」

這是一個老問題，也是一個兩難選擇的問題，回答先救那一個都不妥當。年輕男士稍加思索後回答道：「我先救媽媽。」母女倆一聽哈哈大笑，臉上都露出了滿意的笑容。「媽媽」這個詞一語雙關，使人皆大歡喜。

我們在聽政府發言人談話，或者看一些報導的時候，常常覺得平淡無味。其實這些語言往往蘊含著非常尖銳的意思，只是用了一些模糊化的詞語，讓它顯得「平淡」了一些而已。比如外交部發言人談話中提到「賓主雙方進行了坦率的會談」，這裡「坦率」的背後意思就是有很多爭議，意見分歧非常大；再比如「應當促進雙方的交流」，意思就是雙方的共識太少，彼此之間有比較深的成見。這些模糊化的語言既達到了說明問題的目的，又起到了淡化矛盾的作用。

話術補充站

雖然應該鼓勵實話實說，可是很多時候，實話會對自己和別人造成一定的傷害或影響，所以，為了維護彼此的面子，適當模糊焦點，在語言上給予一定的寬容，可以令彼此間的矛盾有所減少。

10 嘴上假裝無知，欲擒故縱

觀其眼神，知其心機。

——喬治．赫伯特【英國】

在做許多決定時，如果過早地行動會讓我們悖於道義、有違民心而陷入被動的處境。所以智者做事不會操之過急，他們懂得「欲擒故縱」的道理，心裡對你「將欲擒之」的時候，往往會運用「先予縱之」這一規則，最後再水到渠成地實現自己的目的。

鄭莊公的母親姜氏生有兩個兒子，老大就是莊公，老二叫共叔段。姜氏對共叔段特別偏愛，幾次請求鄭武公立共叔段為世子，武公都沒有同意。

武公死後，長子寤生繼位，是為鄭莊公。姜氏見扶植共叔段的計劃失敗，轉而請求莊公將京邑封給共叔段，莊公不好推辭，只好答應了。

鄭國大夫知道後，立即面見莊公說：「分封的都城，它的周圍超過三百丈的，就會對國家有害。按照先王的制度規定，國內大城不能超過國都的三分之一，中城不能超過國都的五分之一，小城不能超過國都的九分之一。現在將京邑封給共叔段，不合法度。這樣下去恐怕您將控制不住他。」

莊公答道：「母親喜歡這樣，我怎麼能讓她不高興呢？」

大夫又說：「姜氏哪裡有滿足的時候！不如早想辦法處置，不要使她滋長蔓延，蔓延了就很難解決，就像蔓草無法除得乾淨一樣。」

莊公沉吟了一會兒，說：「多行不義必自斃。你姑且等著吧！」

其實，鄭莊公心裡早已有了對付共叔段的方略。他知道自己現在力量還不夠強大，共叔段又有母后的支持，要除掉共叔段還比較困難，不如先讓他盡力表演，等到其罪惡昭著後，再進行討伐，一舉除之。

共叔段到了京邑後，將城進一步擴大，還逐漸把鄭國西部和北部的一些地方據為己有。公子呂見此情形十分著急，對莊公說：「國家不能使人民有兩個君主統治的情況出現，您要怎麼辦？請早下決心。要把國家傳給共叔段，那麼就讓我奉他為君，如果不傳給他，就請除掉他。不要使人民產生二心。」

莊公回答說：「你不用擔心，也不用除他，他將要遭受禍端的。」

此後，共叔段又將他的地盤向東北擴展到與衛國接壤。此時，子封又來見莊公，說：「應該除掉共叔段了，讓他再擴大土地，就要得到民心了。」

莊公都說：「他多行不義，人民不會擁護他。土地雖然擴大了，但一定會崩潰的。」

共叔段見莊公屢屢退讓，以為莊公怕他，更加有恃無恐。他集合民眾，修繕城牆，收集糧草，修整裝備武器，編組戰車，並與母親姜氏約定日期作為內應，企圖偷襲鄭國都城，篡位奪權。

莊公對共叔段的一舉一動早已看在眼裡並有防備。當他得知共叔段與姜氏約定的行動日期後，就命大將子封率領二百乘兵車提前進攻京邑，歷數共叔段的叛君罪行，京邑的人民也起來響應反攻共叔段。共叔段棄城而逃，後畏罪自殺。他的母親姜氏也因無顏見莊公而離開宮廷。

鄭莊公運用「將欲擒之，先予縱之」的謀略，很輕鬆地除掉了王位競爭對手。他考慮到共叔段畢竟是自己的弟弟，如果一開始就對共叔段大加討伐，別人會說他不講親情，在道義上他會失分。所以他先讓共叔段壞下去，讓大家都看清楚了是非曲直，才順理成章地出兵。

我們在與他人交往的過程中亦是同理。比如大家關注度較高的情場，男人最鍾情的女人是那些會吊自己胃口的女人，欲擒故縱、若即若離反而會讓他的感情升溫。

《鹿鼎記》中，韋小寶娶了七個老婆，個個貌美如花，然而韋小寶最愛的還是一直對他若即若離的阿珂，金庸在原著中這樣寫道：「韋小寶一見這少女，不過十六、七歲，胸口像被一個無形的鐵錘重重擊了一記，霎時之間唇燥舌乾。心道，我死了，我死了，這個美女倘若給我做老婆，小皇帝跟我換位也不幹。」

在韋小寶的七個老婆中，阿珂是他追得最為辛苦的一位，阿珂的喜怒無常讓韋小寶難以駕馭，但也正是這樣才讓韋小寶成天朝思暮想、肝腸寸斷，甚至發下毒誓：「皇天之上，后土在下，我這一生一世，便是上刀山下油鍋，千刀萬剮，滿門抄斬，大逆不道，十惡不赦，男盜女娼，絕子絕孫天打雷劈，滿身生上一千零一個大疔瘡，我也非娶妳做老婆不可。」阿珂是無意中激起了韋小寶的狩獵欲，進而讓韋小寶對他百般糾纏。

所以，如果你想抓住某些人的心，自己千萬別心急，用點心機，運用欲擒故縱，反而更容易有成效。

話術補充站

採用欲擒故縱這一策略時，立點在「擒」，故「縱」時應積極地「縱」，即在「縱」中激起對手的慾望。具體激的手法兩種：一種是表現己方的不在乎，利益關係不大；另一種是要盡可能揭示對方的利益，處處為其著想，讓其不願被縱。

面對「危機」，妙語消除溝通障礙

01 故說「癡」話，就當什麼都沒發生

往往有這樣的人，他們知道別人出了洋相，就主動地去安慰人家，還自以為別人會非常喜歡這種方式，會用感激的目光看著他。其實別人最希望的，還是你不知道他出了洋相，沒有嘲諷，也沒有安慰。

——卡內基【美國】

我們在很多場合都可能遭遇尷尬。尷尬的表現形式不一樣，應對方式當然也有差別。用語言應對的一種很好的方式，就是佯裝不知，故說「癡」話，好像這種尷尬從來沒發生過一樣。

網路上有一則笑話：

一家星級賓館招聘男性客房服務人員，經理給應徵者出了一道題目：「假如你無意間把房間推開，看見一位女客一絲不掛地在沐浴，而她也看見你了，這時候你該怎麼辦？」

第一位答：「說聲『對不起』，就關門退出。」

第二位答：「說聲『對不起，小姐』，就關門退出。」

第三位答：「說聲『對不起，先生』，就關門退出。」

結果第三位應徵者被錄取了。為什麼呢？前兩位的回答都讓客人有解不開的尷尬心結，唯有第三位的回答很巧妙。他妙就妙在假裝沒看清，既保全了客人的面子，又使雙方避免了尷尬。

裝作沒有看見，不僅會讓自己有獲得工作的機會，有時候還能讓自己收穫愛情。就像下面的故事說的一樣。

尚美在一次聚會上第一次穿高跟鞋和超短裙，還化了比較濃的妝。朋友們見到她這樣的打扮，一片驚呼，她自然而然成了聚會的焦點。

年輕人聚會的一項必不可少的活動就是跳舞。高跟鞋和超短裙肯定是不利於跳舞的，何況尚美還是第一回穿。一開始她不願意下舞池，後來在朋友們的起鬨之下勉強跳了一會兒，誰知一個鞋跟卻折斷了，短裙也不小心撐裂了。她只好裝作沒事一樣，一拐一拐地回到了座位上。

一個女孩看見了，忙跑過來問她怎麼回事，她回答說腳扭了。女孩關心地彎下腰去看。「啊，妳的鞋跟斷了呀。真是的，怎麼這麼倒楣啊。哇，妳的裙子怎麼……好了別介意，大家都是朋友，誰都不會笑話妳的，我也會替妳保密。妳就在這兒坐著好了，待會兒結束了我陪妳回家。」說著又下了舞池，留尚美沮喪地坐在那裡。

一曲終了，大家都下場了，一個男孩過來坐到了尚美對面，尚美臉上紅一陣白一陣，生怕被他發現了，趕忙說腳有點不舒服，說著就把沒有斷跟的右腳伸到了前面。男孩並不看她的「傷勢」，只是叫了兩杯飲料，說：「跳舞很累吧，妳平時看起來滿文弱的，要小心啊。這種激烈運動連我都渾身濕透了，妳一定更累了！」

兩個人聊了半天，男孩始終沒有再提起她的「傷」。其實他早就看出是怎麼回事了，為了不讓尚美太尷尬，他裝作不知道，這讓尚美大大地鬆了一口氣。

故事裡的這個男孩子就是巧妙運用了「佯裝不知」、故說「癡」話的技巧，避實就虛，避開鞋子壞掉這件事情，裝作沒有看見，也讓對方感到輕鬆。

面子問題是個大問題，尤其忽然間遇到了很丟面子的事情，即使裝作不介意，心裡也有個很難解開的疙瘩。卡內基說過：「往往有這樣的人，他們知道別人出了洋相，就主動地去安慰人家，還自以為別人會非常喜歡這種方式，會用感激的目光看著他。其實別人最希望的，還是你不知道他出了洋相，沒有嘲諷，也沒有安慰。」所以，說一句「癡」話，故意表示自己沒看見，是讓當事人釋懷、化解尷尬的最好方法。

話術補充站

出洋相以後，丟面子是不可避免的。這時候，可以假裝什麼事都沒發生，當然，這種方法有點自欺欺人的意思，不過，至少可以讓自己暫時過了這一關。事後，時間久了大家也都會慢慢淡忘的。

02 自我調侃，低調擺脫尷尬

如果你有說俏話的才智，那麼用它來取悅而不是傷害。

——切斯特菲爾德【英國】

由於我們的過失，造成談話中間出現了難堪，這時我們不要責備他人，而應找找自己的原因，採用自我調侃的方式低調退出。

有一次，十多年沒見的老同學聚會，因為大家都是好朋友，所以說起話來更是直來直往。有一位男同學打趣地問一位女同學：「聽說妳先生是大老闆，什麼時候請我們到酒店吃一頓？」他話剛說完，這位女同學有點不安起來。原來，這位女同學的丈夫前不久因意外去世了，但這位開玩笑的男同學並不知道，因此玩笑開得過了一點。

旁邊的一位同學暗示他不要說了，誰知這位男同學偏要說，旁邊的那位同學只得告訴他真實的情況，這位男同學可說是無地自容，非常尷尬。不過他迅速回過神，先是在自己臉上打了一下，之後調侃地說：「你看我這嘴，幾十年過去了，還和當學生時一樣不知高低深淺，只知道胡說八道。該打嘴！該打嘴！」女同學見狀，雖有說不出的苦澀，但仍大度地原諒了老同學的唐突，苦笑著說：「不知者不為怪，事情過去了，現在可以不提它了。」男同學便急忙轉換話題，從尷尬中解脫出來。

當我們處於類似的情況時，最好的辦法就是：不要死要面子活受罪，可以採用自我調侃的辦法，像上面的那位男同學，表達自己真誠的歉意，而對方也不會喋喋不休地責備我們，相反的還會因為我們的真誠而一笑置之。

大多數人製造尷尬都不是敵意的，而是出於不小心，這時候，如果你過分掩飾自己的失態，反而會弄巧成拙，使自己越發尷尬。以漫不經心、自我解嘲的口吻說幾句取悅於人的話，卻可以活躍氣氛、消除尷尬。

一九一五年，邱吉爾當時還是英國的海軍大臣。不知是心血來潮，還是什麼原因，他突然想要學開飛機。於是，他命令海軍航空兵的那些特級飛行員教他開飛機，軍官們只好遵命。

邱吉爾刻苦用功、拼命學習，把全部的業餘時間都搭上了，而負責訓練他的軍官也都快累壞了。邱吉爾雖稱得上是傑出的政治家，但操縱戰鬥機跟政治是沒什麼必然聯繫。也可能是隔行如隔山吧，總之他就是搞不清楚那麼多儀表板是顯示什麼。

有一次在飛行途中，天氣突然變壞，一段十六英里的航程竟然飛了三個小時。著陸後，邱吉爾剛從機艙裡跳出來後，那架飛機竟然再次騰空，一頭栽到海裡去了。旁邊的軍官們都嚇得怔在那裡，一動不動。

原來，邱吉爾忘了操作規程，在慌亂之中又把引擎發動起來了。望著眼前的一切，邱吉爾也不知所措，還好，他並沒有驚慌，而是裝作自我解嘲道：「怎麼搞的，這架飛機這麼不夠意思。才剛剛離開我，就又急著去和大海約會了。」

一句話，緩解了緊張的氣氛，也讓邱吉爾擺脫了尷尬。

在有些尷尬的場合，運用自嘲能使自尊心透過自我排解的方式受到保護，而且還能體現出說話者的寬容大度。尷尬場合，運用自嘲可以平添許多風采。當然，自嘲要避免採取玩世不恭的態度。具有積極因素的自嘲包含著自嘲者強烈的自尊、自愛。

「自嘲」實質上是當事人採取的一種貌似消極，實為積極的促使交談，向好的方向轉化的手段。

話術補充站

當面對尷尬的境地時，周圍的人可能都在看你的笑話，這個時候怎麼做才能讓自己走出「圍城」呢？適當運用自嘲，可以讓周圍的人不好意思再令你難堪，大家也都會覺得你是一個心胸豁達的人。

03 背後說人，怎樣隨機急救

誰人背後無人說，哪個人前不說人。

——俗語

雖然背後說人是不好的，可是人總免不了在一起談論，言語中免不了要說這個人不對，那個人做了什麼糗事。結果卻被當事人聽到。小楊就犯了這個毛病：

聽說主管要去參加一個業界的聚會，又是臨近午休時間，辦公室內幾位同事閒聚在一起東家長西家短地胡亂聊起來，不知不覺就開始說起主管的壞話了。

小楊一向做事認真負責，個性又活潑開朗，在辦公室裡人緣極好，只是有點冒冒失失，喜歡乘興做些惡作劇。這次也不例外，當他聽到大家都在說主管的壞話時，便趁機起鬨：「我也這樣認為，主管實在是一個老古董，動不動就拿所謂的倫理道德、禮儀規範來說教，根本就沒意識到現在是流行、新潮的時代……」

「咦！怎麼大家一下變得正經八百，規規矩矩呢？」當小楊發覺情形不對時，卻已大事不妙了，原來主管已經站到了他的身後！

很多時候，人出於交流或其他種種目的，會不自覺地向他人講述一些自己對人對事的看法，因此就形成了「哪個人前不說人，哪個背後無人說」的社會現象。

當你議論他人被當事人聽到時，如果你的議論是正面的那還好說。聽到別人在背後誇自己，誰不樂意呢？可是一旦你的議論是負面的，在背後說人壞話，被人當場逮住，就尷尬了！更有甚者，要是因此而被人誤認為品行有問題，並讓你的「臭名」遠揚，那你就倒大楣了！

其實，要化解這種尷尬也不是沒有辦法，只要你懂得隨機應變，採取正確的應對方法，尷尬就會自然而然地離你而去。

某女士上班的公司和丈夫的公司很近，所以每天他們都是約好了在車站碰面，然後搭同一班公車回家。一路上，夫妻倆總是喜歡高高興興地談天說地，倒也有一番樂趣。

一天，這位女士一上車，就跟丈夫講起了當天發生的「大事」。

「老公，告訴你喔，今天那個小梁上班遲到了，主任不知怎麼搞的，把他當眾罵了一頓，你沒看見小梁當時的臉色，就跟豬肝一樣……」她還沒說上幾句，就發現小梁被下車的人潮擠到了她面前。看到這位女士，小梁只是淡淡地點了點頭，表情有點冷漠。

「啊！他肯定聽到了我說的話。這下糟了，把一個同事給得罪了。這下該怎麼收場呀？」這位女士頓時感到臉上火辣辣的。可是丈夫卻並不知情，還不停地追問：「後來怎麼樣了？」這更讓她感到難堪，一時竟無言以對。

過了一會兒，她總算想出辦法來打圓場了。

「老公，拜託，那本書有好幾百頁啊！我還沒看完呢，後來的事等我看完了再告訴你吧！」她一邊說一邊悄悄捏了一下丈夫，並使過一個眼色。丈夫雖然不明白是怎麼回事，但也不再繼續追問下去了。

「小梁，真巧！你也坐這一趟車呀！你看我，光顧著說話，也沒介紹一下。小梁，這是我老公。老公，這是我公司的同事，我們都叫他小梁，與那本書上的主角稱呼一樣呢！」她主動出擊，明著打招呼，暗著解釋剛才的事。

小梁聽了她的話，認為是自己多慮，便也放鬆與他們聊了起來。一路上，他們談笑風生，氣氛和諧而友好，剛才的緊張和尷尬一掃而光。

不過要注意：切忌背後說人超過限度。如果是充滿個人憎惡情緒的壞話，聽的人可能會有「這說得太過分了吧」的感覺。像這樣就已超過限度，說者不但會不愉快，而且會因情緒過於激動而造成反效果。

切忌不分場合地論人長短。像上述情境中，儘管上司不在，但在辦公室內總是不好。另外像公司同事常去的餐館或咖啡廳，也都不是談論同事長短的好地點。最好的辦法就是不討論他人的長短。

話術補充站

在別人背後說是非是很不好的行為，如果養成的這樣的習慣，一定要儘快改正，否則，周圍的人只會對你心生厭惡，離你越來越遠。

04 言語幽默，讓你遠離尷尬

我的理由是，世界上的事，若不讓別人尷尬，也不讓自己尷尬，最好的辦法就是自我作踐。比如我長的醜，就從不在女性面前裝腔作勢，且將五分的醜說到十分的醜，那麼，醜倒有它的另一可愛處了。

——賈平凹

有時候人際交往會處在一個尷尬的境地，這個時候需要的，僅僅是一句幽默的話語來打破原有的壓抑，活躍氣氛。說笑能極大地緩解尷尬氣氛，甚至在笑聲中，這種難堪場面會瞬間消失，讓人們很快忘卻。

蕭伯納有一次遇到一位胖得像酒桶似的牧師，他跟蕭伯納開玩笑說：「外國人看你這樣乾瘦，一定認為英國人都在餓肚皮。」蕭伯納謙和地說：「外國人看到你這位英國人，一定可以找到饑餓的根源了。」

要用幽默來回敬對方。幽默感是避免人際衝突、緩解緊張的靈丹妙藥，不會造成任何損失，也不會傷及任何人。

如果活動中出現尷尬局面，說句幽默的話更是使雙方擺脫窘迫的好辦法。例如，兩個班級聯歡，男女舞伴第一次跳舞，由於一方不太會跳而出現了踩腳的情況，說「沒關係」，這樣的禮貌話還是可能會加重對方的心理壓力，如果用一句「地球真小，我們倆的腳只能找一個落點了」，就可使雙方歡笑而心理放鬆。

尷尬是在生活中遇到處境窘困、不易處理的場面而使人張口結舌、面紅耳赤的一種心理緊張狀態。當此情景，人們感覺比受到公開的批評還難受，引起面孔充血、心跳加快、講話結巴等。主動講個笑話逗大家笑，絕對是減輕該症狀的良方，尤其是在很多人都看著你的時候。

恐怕誰都有當眾滑倒的經歷，每每回想起來還會感到臉紅。摔倒的場面總是很滑稽，難免會引得大家笑，但你不妨用一種荒誕的邏輯將這種尷尬變成有利因素，進而自然大方地從困境中解脫出來。

一九四四年秋天，艾森豪親臨前線給第二十九步兵師的數百名官兵訓話。當時，他站在一個泥濘的小山坡上講話，講完後轉身走向吉普車時突然滑倒。原來肅靜嚴整的隊伍轟然暴響，士兵們不禁捧腹大笑。

面對突發情況，部隊指揮官們十分尷尬，以為艾森豪要發脾氣了。豈料，他卻幽默地說：「從士兵們的笑聲中可以看出，我與士兵們的多次接觸，這次是最成功的。」

所以，當我們面臨尷尬時，千萬不要慌張，試著說一些幽默的話語，就能從尷尬中輕鬆逃脫。當然，有些幽默可以讓自己緩解尷尬，卻會傷到別人的自尊，所以幽默雖然好，但也不能濫用。

巴黎的一位劇作家邀請小仲馬看他的新劇本的演出，大幕拉開了，戲正在演出，小仲馬不斷回頭，嘴裡嘟囔著：「一個，兩個，三個……」

「您在幹什麼？」劇作者納悶地問。

「我在替您數打瞌睡的人。」小仲馬回答說。

過了一些日子，小仲馬的劇本《茶花女》上演了。上次請小仲馬看戲的那個作者又和小仲馬坐在了一起。演出開始以後，他也不斷回頭找，找了半天，只找到了一個打瞌睡的，不過他還是欣喜若狂地跟小仲馬說：「你看，你的劇本上演，也有一位打瞌睡的。」

小仲馬看了一眼，幽默地回答：「您不認識他嗎？他上次看您的戲的時候睡著了，到現在還沒醒過來呢。」

小仲馬這樣的話雖然很幽默，卻會給別人帶來尷尬。如果關係親密兩人一笑也就過去了，如果關係一般，別人就會記恨在心裡。所以運用幽默，也需要注意場合。

話術補充站

社交場合遭遇尷尬也是難免的，這時候我們要做的是儘量擺脫尷尬的境地，以免社交失敗。選擇幽默的方式給自己和對方一個臺階，未嘗不是解決問題的最好方法。

05 隱私提問，教你輕鬆應對

要使別人喜歡你，首先你得改變對人的態度，把精神放得輕鬆一點，表情自然，笑容可掬，這樣別人就會對你產生喜愛的感覺了。

——卡內基【美國】

我們無論是在公共場合，還是在正式場合，都會無可避免地遇到一些隱私問題被人追問的情況。

北部某著名高校中文系畢業生羅毓娟，經系裡推薦到一家國企求職，層層考核下來，最後，她獲得了與招聘單位負責人單獨面談的機會。

「妳有男朋友嗎？」這位男性負責人突然這樣發問。

羅毓娟沒有任何思想準備，被這個問題嚇了一跳。她不知如何回答才能讓負責人滿意，便如實答道：「有。」

「他現在在本地還是在外地？」

「他在辦出國手續。」羅毓娟仍然老實地回答。

「妳將來會不會跟他一起出國？」

「我的專業出去了也派不上用場，所以沒想過要出國。」

「那你們是不是要分手了？」

「不能這麼說，我們的感情很好，我相信自己的眼光。」

「如果妳的上級比較喜歡妳，妳會怎麼辦？」

「那說明我的工作做得還不錯，我會再接再厲，更上一層樓。」

「要是妳的上級對妳有非分之想呢？」

「你們能提出這個問題，我非常感激，這說明貴單位的高層都是光明磊落的人。不瞞大家說，我曾在一家公司實習過，但就是因為老闆有了非分之想，我才憤而辭職的。

而當初他們招聘時恰好沒有問到這個問題。兩相比較，假若我能應聘進貴單位，就沒有理由不去為這個團隊殫精竭慮了。」羅毓娟不卑不亢的回答和落落大方的態度，使她最終贏得了這個職位。

怎樣說話，才能既不洩漏自己的隱私，又不直接拒絕對方的提問而造成不愉快呢？對於無聊的隱私問題，你完全可以採取答非所問的方法來應付。當然，似是而非的回答也會讓那些愛探聽隱私的人無功而返，它的奇妙之處就在於，聽起來像是在回答對方的問題，但其實並不是對方想要的答案。

總之，如果別人問你的隱私時，也需要注意：切忌不沉著冷靜，對別人的提問，不假思索地亂說一氣。同時切忌不隨機應變，與別人發生衝突或委曲求全。

話術補充站

對於自己的隱私，一定要注意保護，否則就會將把柄送到別人手上，日後也會成為對方牽制我們的利器，所以不得不防患於未然。

06 如何應對冷場的局面

不管發生什麼事，都要冷靜、沉著。

——狄更斯【英國】

在日常生活和社會交往中，如聚會、議事等常會出現冷場現象，彼此都尷尬。冷場，在與人交流中，無疑是一種「冰塊」。打破冷場的技巧，就是及時融化妨礙交往的「冰塊」。其實，只要會話者掌握住了破「冰」之術，及時根據情境設置話題，冷場是很容易被打破的。

一、要學會拓展話題的領域

開始第一句話要注意的是使人人都能瞭解，人人都能發表看法，由此再探出對方的興趣和愛好，拓展談話的領域。如果指著一件雕刻說：「真像某某的作品！」或是聽見鳥唱就說：「很有孟德爾頌音樂的風味。」除非知道對方是內行，否則不僅無法討好，而且會在背後挨罵的。

如果不知道對方的職業，就不可胡亂問他。因為社會上免不了有人失業，問他的職業無異於迫他自認失業，這對自尊心很強的人來說是不太好的。如果你想開拓談話的領域而希望知道他的職業，只能用試探他的方法。確定了別人有工作，才可問他的職業，這樣就可以談他的工作範圍內的事情。如果不知對方有沒有職業，或確知對方為失業者，那麼還是談別的話題為佳。

二、風趣接話轉話題

在談話中善於抓住對方的話題，機智巧接答，可以使我們談話變得風趣，進而讓談話活躍起來。

阿志是公司負責某一地區的銷售業務員。公司為了加強和客戶之間的聯繫，特別舉辦了一年一度的「工商聯誼會」。公司安排阿志在會議期間陪同他的客戶李總。他們路過一家商場，談起了商場銷售情況。末了，李總深有感觸地說：「現在，市場競爭夠激烈的。」

阿志接過他的話說：「就是。在你們單位工作的業務員也不少吧？」

就這樣阿志既把話題延伸下去，同時又使話題朝向有利於自己的方向發展。

三、適時地提一些引導性的話題

提出引導性話題，可以給他人留下談話時間和空間，特別是對於那些不善於當眾講話的人。這些話題可以根據對方的性格特點、興趣愛好、職業性質等方面來設置。比如：「近來工作順利吧」、「聽說你最近有件高興的事，是什麼呢」、「前一陣子我見到你的孩子，學習的怎麼樣了？」。先用這些聽起來使對方溫暖的話寒暄一下，以便於開展談話。

對於那些在公司上班的人，可以探問對其公司的日常規則的看法，像：「你們公司，每週都要做早操，召開例會，你怎麼看待？」引導性話題應該注重可談性和可公開性。對學文的不宜談深奧的理科的問題，反之亦然。

不宜在公開場合觸及個人隱私，或者是背後議論他人等。如果引導性話題過於敏感，或者越出了對方的興趣愛好，或者過於深奧，超出了對方的知識結構等，對方也許不願說，也許真的無話可說。提出這類話題，目的是讓對方開口講話，不能讓對方開口，還有什麼意義呢？

在提一些引導性話題的時候，也要注意方法和策略，不要讓對方感到難以回答和附和而停止。此外，在打破冷場時說話還應該注意下面的內容：如果是由於自己太清高、架子大，使人敬而遠之，而造成雙方的沉默，那麼，在交談中應該主動、客氣及隨和一些；如果是由於自己太自負，盛氣凌人，使對方反感，而造成了沉默，則要注意謙虛，多想想自己的短處，適當褒揚對方的長處；如果是由於自己口若懸河，講起話來漫無邊際、無休無止，而導致了對方的沉默，則要注意自己講話適可而止，給對方說話的機會，不要讓人覺得你是在做單方面的「傳教」。

總之，冷場的出現，往往與「話題」有關。「曲高和寡」會導致冷場；「淡而無味」同樣會引起冷場。不希望出現冷場的交談者，應當事先做些準備，使自己有一點「庫存話題」，以備不時之需。

話術補充站

與人交流的過程中，有時裝作不懂事的樣子，往往可以聽取他人更多的意見，這根源於人們的自炫心理。反之，你表現得太聰明，人家即使要講，也有顧慮，怕比不上你。如果我們用「請教」的語氣說話，引起對方的優越感，就會引出滔滔話語。一般人的心理總是喜歡教人，而不喜歡受教於人。

07 如何巧妙應對刁難者

對於對方的無禮的一種無言的非議和責備，而這種譏諷是使誰都會感受到不安的。

——洛克【英國】

在社交場合，有時我們會遇到別人有意無意的搶白、奚落、挖苦、譏諷，這時該怎麼辦？有隨機應變能力的人，能調動自己的智慧，化被動為主動，使尷尬煙消雲散。「兵來將擋，水來土掩」，你可視不同的對象選擇不同的應付辦法。

一、以牙還牙

當受對方惡語攻擊時，借他的話反擊對方。

一九一四年九月二日英德兩方談判時，德國首相提出：「你們是否要為一張廢紙（指保證比利時中立的休約）和我們開戰？」

喬治對於這樣的提問沒有辯解或迴避，而是這樣演講：

「在座諸位沒有人比我更不情願、更反感地看到我們被捲入一場大戰的前景了。在我一生的政治生涯中，我一直抱著上述的態度。沒有人會比我更堅信，我們不可能既避免這場戰爭的發生，又不使我國榮譽受到損害。我完全清楚，歷來一個國家如捲入戰爭，就必然要乞靈於榮譽這個堂而皇之的名義。不少罪行都是在榮譽的名義下犯的。現在就有些犯罪活動正在進行。然而，國家的榮譽畢竟是一個客觀存在的現實，任何國家無視這個現實，都是註定要滅亡的。為什麼這場戰爭牽涉到我國的榮譽問題？這是因為我們承擔著光榮的責任，要保衛一個弱小鄰國（指比利時）的獨立、自由與領土完整。這國家很弱小，不可能強迫我們這樣做。但是如果有人因債權人太窮，無力強迫他還債，便拒絕清償債務，此人便是一個卑鄙的惡棍。

我們鄭重地簽訂過一項保衛比利時的條約，但是在條約上簽字的不僅是我們。為什麼奧地利和德國不履行條約規定他們應守的義務？有人提出我國引用這項條約純粹是藉口，說我們施詭計、耍手腕，有意掩飾我們對更為文明發達的國家的妒忌心，我們正企圖摧毀這個國家。我們對此的回答是我們在一八七〇年的行動。當時我們也曾呼籲法國和普魯士遵守這項條約。

那時比利時的最大威脅來自法國而不是德國。我們要求德、法兩個交戰大國同時聲明他們無意侵佔比利時領土。俾斯麥怎樣回答呢？他說，既然有生效的條約，向普魯士提出這樣一個問題，便是多此一舉。法國也做出了類似的回答。在布魯塞爾市政府給維多利亞女王的一份著名檔案中，比利時人民對我們干預此事表示了感謝。

一八七〇年，法國軍隊在比利時邊境受到普魯士炮火的嚴密封鎖，斷絕了一切突圍的出路。唯一的辦法是破壞比利時的中立，進入比利時國境。但當時法國人情願滅亡與屈辱，也不願破壞條約。當時法國皇帝和將軍們以及成千上萬英勇的法國人寧願被俘，也不願國家聲譽受損。

在撕毀條約有利於法國的時候，法國沒有這樣做。但今天，撕毀條約有利於德國，德國卻這樣做了。它以一種侮慢的態度公開承認這一點，它說條約只是在有利於你時才對你有約束力。德國首相說，條約不就是一張廢紙嗎？你們身上有沒有帶著五鎊的紙幣？帶著印刷精美的小張一鎊紙幣？要是有的話，燒了它吧。還不是幾張廢紙！它們是用什麼造成的？殘片碎布罷了！可是它們價值幾何？價值不列顛帝國的全部信譽啊！幾張廢紙！

這幾個星期我一直在和幾張廢紙打交道。我們發現全世界的商業突然停頓下來，機器停止了運轉。為什麼？因為商業機構是由匯票來推動運轉的。我也見過一些匯票，破破爛爛，皺皺巴巴，上面亂塗亂畫，斑斑點點，骯髒不堪。但是這些廢紙開動了載滿千萬噸珍貴貨物的巨大海輪，往返航行於世界各地。這些廢紙後面的動力是商人的信譽。

條約是代表國際政治家信譽的貨幣。德國商人和世界上任何其他國家的商人一樣有著同樣誠實正直的名譽。但是如果德國貨幣貶值到和它的政治家的信譽一樣的水準，那麼從上海到瓦爾帕萊索，再也沒有一個商人會對德國商人的簽字看上一眼了。這就是所謂一張廢紙的理論。這就是伯恩哈迪公開宣揚的理論：條約只在有利該國時才有其約束力。這關係到一切公共法律的根本問題。這樣走下去，就直通野蠻時代了。正如你嫌地球的磁場妨礙了一艘德國巡洋艦，便把它除去一樣，各個海洋的航行就會變得危險、困難，甚至無法航行。如果在這次戰爭中，這種主張占上風，整個文明世界的機制便要土崩瓦解。我們正在同野蠻作戰。只有一個辦法能扭轉這種情況：如果有哪些國家說他們只在條約對他們有利時才守約，我們就不得不使局勢變得只有守約才對他們有利。」

二、一箭雙雕

抓住主要事實或揭露要害，在自己擺脫困境的同時，透過對比指出對方的弱點，置其窘境。

「這個政府藉口軍隊打了敗仗，便同敵人接觸，謀取停戰。

我們確實打了敗仗，我們已經被敵人陸、空軍的機械化部隊所困。我們之所以失敗，不僅因德軍的人數眾多，而是敗於他們的坦克、飛機和作戰戰略。正是敵人的坦克飛機和戰略使我們的將領們驚惶失措，以至出此下策。

但是難道敗局已定，勝利已經無望？不，不能這樣說！請相信我的話，因為我對自己所說的話完全有把握。我要告訴你們，法蘭西並未失敗。總有一天我們會用目前戰勝我們的同樣手段使自己轉敗為勝的。

因為法國並非孤軍作戰。它並不孤立！絕不孤立！它有一個幅員遼闊的帝國作後盾，它可以跟控制著海域並在繼續作戰的不列顛帝國結成聯盟。它和英國一樣，可以得到美國雄厚的工業力量源源不斷的支援。

這次戰禍所及，並不限於我們不幸的祖國。戰爭的勝敗亦不取決於法國戰場的局勢。這是一場世界大戰。我們的一切過失、延誤以及所受的苦難都無法改變一個事實：世界上擁有一切手段，能夠最終粉碎敵人。我們今天雖然敗於機械化部隊，將來卻會依靠更高級的機械化部隊奪取勝利。世界命運正繫於這種部隊。

我，戴高樂將軍，現在在倫敦發出廣播講話。我籲請目前或將來來到英國國土上的法國官兵，不論是否還持有武器，都和我聯繫；我籲請具有製造武器技術的技師與技術工人，不論是目前或將來來到英國國土的，都和我聯繫。

無論出現什麼情況，我們都不容許法蘭西抗戰的烽火被撲滅，法蘭西抗戰烽火也永不會被撲滅。明天我還要和今天一樣在倫敦發表廣播講話。」

這是戴高樂一九四〇年六月十八日在倫敦英國廣播公司發表的演說。這篇演講在批判了法國政府的不抵抗政策的同時，表示自己一定要堅持戰鬥，說明法國還是有希望的，這樣的演講給予了法國民眾希望，而戴高樂從此被法國人稱為「六·一八英雄」。

三、巧借比喻

巧借對方比喻中的不雅事物，用與此相剋相關的事物作比，針鋒相對，給以迎頭痛擊。例如，達爾文提出進化論以後，赫胥黎竭力加以支持和宣傳，並與宗教勢力展開了激烈的論戰。教會詛咒他為「達爾文的鬥犬」。在倫敦的一次辯論會上，宗教首領見赫胥黎步入會場，便罵道：「當心，這隻狗又來了！」赫胥黎輕蔑地答道：「是啊，盜賊最害怕嗅覺靈敏的獵犬！」赫胥黎以比對比，巧妙地戳穿了宗教首領的醜惡本質和害怕真理的面目。

當你面對別人惡意的侵犯時，能有隨機應變的語言表達功力非常重要。在防衛中運用優雅、得體的語言把你的智慧和大度發揮得淋漓盡致。

四、裝聾作啞，糊塗到底

「裝聾作啞」，就是指對別人的話裝作沒有聽到或沒有聽清楚，以便避實就虛、猛然出擊的處理問題的方式。它的特點是：說辯的鋒芒主要不在於傳遞何種資訊，而是透過打擊、轉移對方的說辯與致使之無法繼續設置窘迫局面，化干戈為玉帛，能夠寓辯於無形，不戰而屈人之兵。當然，唯有具有深閱歷的人，方能達到這種效果。別人的刻薄攻擊，不僅可以裝糊塗當做耳旁風，還可以適當對其反譏一番，這是化解尷尬的最好途徑。

話術補充站

在人際交往中，有許多場合都可以使用「裝聾作啞」的辦法，躲開別人說話的鋒芒，然後避實就虛、猛然出擊。其技巧關鍵在於躲閃避讓的機智，雖是「裝作」，正如實施「苦肉計」一樣，卻一定要表演得自然。

08 如何巧妙地回擊冷語

機智的主要用處，是教我們與沒有它的人相處得很好。

——愛默生【美國】

生活中的冷言冷語易傷自尊心不說，還經常讓我們下不了臺。冷言冷語多得難以分門別類，但有一點是可以肯定的，這些話都會使你心煩意亂、情緒低落。本能地進行反擊，其後果往往是諷刺挖苦、侮辱打擊的惡性循環。正確的辦法，是以適當而有力的語言回擊冷語，避免自己受到傷害。

如果你下次遇到冷語，不妨照下面說的去試試：

一、探究緣由

心中有氣容易使人出語傷人。如果你的確不明白是什麼地方得罪了別人，最好的辦法就是直接問他為什麼。記住，並不是每個人都存心要找你的麻煩，因此，要儘快找出根源。

女服務生之所以對你發火，也許是因為昨晚她在男朋友那裡受了委屈；司機超車插到你前面也許並不是為了和你比高低，而是送重病的孩子上醫院……當你這樣去假定他人是無辜的時候，你就會為你的寬厚和善意而感到快慰。

二、正視挑釁者

頂住侮辱並非易事。辦法之一是針鋒相對，用嚴肅的對答來對付消極的評價，比如你可以說：「你有什麼理由來傷害我的感情？」或說：「要知道，你的話只對別人有用。」作為一種選擇，你可以要求挑釁者澄清他的原意：「你這話是什麼意思？」或說：「我希望能弄清你的意圖。」一旦挑釁者意識到你識破他的意圖時，他們就會停止挑戰。沒有比陰謀被識破更丟臉的了。

三、運用幽默

有人曾很不客氣地評價瑪麗的新裙子：「一條新裙子?這布料更像是用來包椅子的。」

瑪麗回答說：「那好，坐到我膝蓋上吧。」

路茜的母親苛刻得簡直像有潔癖，這使露茜有些受不了。一天，母親發現女兒房間裡有蜘蛛網。「那是什麼？」她故作吃驚地問。「一項科學工程。」路茜幽默地回答說。

利用幽默可以避免冷語的傷害，還可以拒絕自己不想聽到的話。

四、順水推舟

接住話頭是個好主意。例如，如果你妻子說：「你重了十公斤了，親愛的。」你就回答說：「準確地說是重了近十一公斤。」語言所以有力，是因為你承認了它的力量。當你順水推舟時，你就能使它失去阻力。

五、不屑一顧

他人的評論並不「屬於」你，因此你完全可以不理睬它。原諒是我們應該培養的最重要的生存技巧。如果你還沒有完全準備好，那就讓說話人知道你聽見他的話了，但不想作反應。下一次他再傷害你，你就佯裝正在擦去袖子上的污點。當他問你在幹什麼時，你就說：「噢，我以為什麼東西在咬我，我一定搞錯了。」他就會知趣而退。

你也可以裝作沒興趣。眨眨眼睛，打個呵欠，環顧左右，皆在告訴他：「你怎麼這樣討人厭？」任何人都不願自己遭人厭的。

六、拒絕接受

一個男人出語傷害布達赫後，布達赫說：「孩子，如果有人拒絕接受一份禮物，那這份禮物會屬於誰呢？」

那人回答說：「當然是屬於送禮物的人。」

「那就好了，」布達赫說，「我拒絕接受你的指責。」

有人覺得口頭上貶低、指責別人會更顯自己的高大，所以他們口袋裡裝滿輕蔑，隨時都可能取出來拋給別人。拒絕接受他們的侮辱傷害，巧妙地還給他們，這樣你就會減少緊張，增加快樂。

話術補充站

靈活的語言能讓你避免麻煩，遠離傷害，還可以不破壞原有的關係，學會運用它，會使你的生活變得更美好。

09 機智轉彎，擺脫話題危機

光有智慧是不夠的，還要善於運用它。

——西塞羅【古羅馬】

在語言交際中，我們經常會遇到一些令人尷尬的問話，比如涉及國家、組織的祕密，涉及個人收入、個人生活、人際關係等問題。對待這樣一些提問，如果我們用「不能告訴你」來回答，那會使你顯得粗俗無禮，如果套用外交用語「無可奉告」來作答，那又會給提問者造成心理上的失望與不快。總之，對待這樣一些古怪的問題，我們答得不好，就有可能給自己套上難解的繩索，使自己陷入十分難堪的泥淖而無法自拔，以致大失臉面。如處於這樣的尷尬場合時，就需要具備「顧左右而言他」的語言藝術，進而能使你面對尷尬而峰迴路轉，取得柳暗花明的效果。

話不投機有多種情況，最簡單、最直接的解決辦法就是轉換話題。

第一種情況，某種言談舉止使人為難，那就要及時轉換話題，協調氣氛。

第二種情況，是雙方意見對立談不攏，但問題還要解決，無法迴避。這種話不投機的情況就需要繞路引導。

第三種情況是在說話過程中，當對方有意無意地觸到我們心中的隱痛、忌諱或者自己不願回答的問題時，如果一時沒有好辦法應答，那麼，就乾脆避而不答；或者沉默不語，表示無聲的抗議；或者轉移話題，使在場者的注意力從自己身上挪開。問話者見我方對其問題不予理睬，在尷尬的同時會很快意識到自己的魯莽和無禮，進而不再追問。

公司一位女同事結婚，在部門散發喜糖，剛巧該部門有一位尚未有對象的三十三歲大齡女子愛咪。大家吃著糖，突然一位中年科員笑著對愛咪說：「愛咪啊，什麼時候才能喝到妳的喜酒呢？」大家都望向愛咪。

愛咪臉微微一紅，把臉轉向鄰近的一位女同事，然後指著那位女同事身上的一件款式新穎的上衣問：「咦？這件上衣什麼時候買的？在哪家店買的？」兩個人便興致勃勃地談起了那件衣服。

在大庭廣眾之下問人家何時結婚確實是件很不禮貌的事情。愛咪碰到這個尖銳的問題時處境十分尷尬，回答的不好可能會引起大家的閒話，再說這事也沒必要讓大家來參與。於是她立刻把話題轉移到同事的衣服上，藉以迴避對方的無聊問題。問者受到毫不掩飾的冷落，自然也認識到自己的失禮，就沒有理由責怪愛咪對自己的置之不理。

話不投機的情況有的是由他人造成的，有的是自己造成的，但無論起因於誰，你都應該主動轉移話題，讓自己快速從尷尬中擺脫出來。

話術補充站

在實際談話過程中，為避免尷尬需要調轉話題，其常用的方法有轉換話題與岔換法兩種。其中，岔換法是針對對方的話題而岔換新的話題，字面上看是回答了對方的問題，而實質意義卻是不相干的兩個問題。它給人的感覺通常是乾脆俐落，能顯示出一種較為強硬的表達氣息。

10 公開信息，讓謠言不攻自破

所有的邪惡中，謠言散播最快。隨著速度的加快更加激烈，隨著散播面的擴展更有精力。

——維吉爾【古羅馬】

人生在世，時常會遇到一些說三道四、傳播閒言碎語的人。他們專愛管別人的閒事，而且喜歡捕風捉影、無中生有。一件單純的事情經這些人扭曲後，往往會愈描愈黑，使你的名譽受損，或是破壞了你與朋友之間的感情。如果當他的閒話或是謠言針對你時，你必須儘快破除這一謠言，否則就會使自己陷入麻煩的境地。那麼，應該怎麼做、怎麼說才能成功地闢除謠言呢？

一八〇〇年，美國總統大選的時候，約翰・亞當斯是競選者之一。約翰・亞當斯在競選演講時，一個共和黨人就當眾問他：「約翰先生，聽說你曾委派平尼克將軍到英國挑選了四個美女作情婦，兩個給平尼克，兩個留給你自己？」

和以前每屆總統競選的時一樣，這時謠言也是滿天飛。因為對於一個政壇要人來說，桃色新聞往往是致命的，弄不好就會搞得身敗名裂。然而亞當斯卻大笑著說：「假如這是真的話，那平尼克將軍一定是瞞過了我全都獨吞了！」周圍的人聽了，無不捧腹大笑。

在社交生活中，遇到無理誹謗和謠言是常有的事。很多時候這些謠言並不是真的，是對手刁難的一種方式，你直接去回答這個問題，如果回答得不夠清楚，可能會惹來更大的麻煩。

對付謠言的最好辦法，就是盡可能快而全面地公開信息，當人們能夠在第一時間瞭解全面資訊的情況下，謠言將會不攻自破，製造謠言者不僅不會從製造謠言中獲得任何好處，還會自取其辱，鬧得自己砸自己的腳。

話術補充站

如果上司或長輩因為謠言對你進行當眾指責時，無論他的指責正確與否，也無論你是否服氣，不妨採用虛心請教的方式，在對方的眼中，你的請教就意味著一種真誠的道歉。但並非不管他說得對不對都要一股腦接受，必要時應該勇於做出積極的辯護。但是辯解時要注意措辭，千萬不能讓他們覺得你是狡辯而非真誠。

怎樣說才能
有效地反擊對方

01 捕捉破綻，展開論辯反擊

最善言的演說家或最雄辯的辯論家，往往不是最正直的思想家。
——赫茲里特【英國】

論辯場上，唇槍舌劍，你來我往，難免會犯一些錯誤，出現一些紕漏，產生一些破綻，機智者常常可及時捕捉住對方的破綻，給予有力的回擊，這是展示言辯者知識水準、理論功底、邏輯能力與語言技巧的最佳時機。

一九九三年八月的新加坡國際大專辯論賽中，復旦大學與悉尼大學對壘，辯題是：「愛滋病是醫學問題，不是社會問題。」悉尼大學隊是正方，復旦大學隊是反方。一開始，雙方你來我往，勢均力敵，難分勝負。這時，復旦大學隊的二辯問了對方一個問題：「請問對方，今年世界愛滋病日的口號是什麼？」對方四位辯手面面相覷，瞎猜一氣，錯誤應答。復旦大學隊立即馬上糾正，並巧妙引開：「錯了，今年愛滋病的口號是『行動起來，時不我待』，對方辯友連這都不知道，難怪談起愛滋病來這麼不順暢啊！」這一招，在對方的陣地上打開了一個缺口，進而瓦解了對方的陣線。

在辯論中，一方面要守住陣地，穩紮穩打，不能貪圖一時之利口不擇言，漏洞百出，給對方以可乘之機；另一方面又要洗耳恭聽，捕捉對方的言語、邏輯錯誤，一有機會，立即盯住，窮追猛打。

還有一個這樣的例子：

在一個黑暗的夏夜，一個衣服濕透的人跑到刑警大隊，向員警報案：

「剛才我走到一座橋上，被一樣東西絆了一下，跌到了河裡，幸好我會游泳，一會兒就爬上了岸。走到橋上仔細一瞧，那東西原來是個人，脖子上有兩條傷口，渾身是血。我摸摸他的身子，還有點微溫，應該遇害不久，我就趕來報案了。」

「你怎麼知道他脖子上有兩處傷口？」員警接著問。

「我從衣袋裡摸出火柴點亮一瞧……」

「別說了，殺人兇手就是你！」員警厲聲說。

這個案例中，罪犯使用賊喊捉賊的伎倆，企圖嫁禍於人，為自己開脫罪責。但他還是露出了狐狸尾巴。這是因為，他先說跌入河中（口袋裡的火柴就會濕透點不著），後來他又說點亮了火柴看見兩道傷口，這是互相矛盾的。由此可見報案人就是兇手，員警抓住對方的破綻，主動出擊，一舉便置對方於死地。

可見，論辯反擊對手的時候，一定要細心、冷靜、思維縝密、頭腦清醒，抓住對方的破綻，就抓住了勝利。

話術補充站

在辯論的過程中，我們一定要保持高度的冷靜，仔細傾聽對方的言論，並努力從中找到破綻，爭取以此作為契機，一舉獲得勝利。

02 綿裡藏針，避開正面回擊

笑裡刀剮皮割肉，綿裡針剔髓挑筋。

——石君寶【元】

人之所以要學習「說話」的方法，原因就在於人必須在不同的論點中尋求和諧，不能因各自不同的理念而損及人際關係。因此，與人溝通時，即便是反擊對方，也必須注意掌握分寸。你如果既不想太強硬，又不想違背自己的原則主張，不妨採用綿裡藏針的方法。

綿裡藏針意味著軟中有硬，硬是透過軟的方式表現出來的，婉言中預示警戒，柔弱中顯示剛強。

鄭穆西元年，秦穆公任命孟明視為大將，集合三百輛戰車，於十二月出發，準備帶兵偷襲鄭國。這消息被鄭國一個販牛商人弦高知道了。當時他趕著一群牛準備到市集兜售，正在往洛陽的途中，回國報告已經來不及，於是他急中生智，一邊派人抄近路連夜回國報信，讓國君做好迎戰準備；一邊把自己裝扮得衣冠楚楚，並挑選了十二頭肥牛和四張牛皮，搭著馬車，帶著隨從，在秦軍必經之路等候著。

這天，秦國隊伍行經時，突然有人攔住去路，大聲喊道：「鄭國使臣弦高受國君派遣，特來求見將軍。」

孟明視聽了，不禁一怔，心想：莫非我們派兵偷襲的消息被鄭國人知道了？他滿腹狐疑地接見了弦高，並迫不及待地問：「先生到這裡來有何見教？」

弦高說：「我們國君聽說將軍帶兵要來敝國，特派我來犒勞大軍，先送上這十二頭肥牛和四張牛皮作為慰勞品，表示我們的一點心意。」

孟明視故作鎮靜，收下慰勞品，假惺惺地說：「聽說鄭國國君新喪，我們國君怕晉國乘機來侵犯你們，特意叫我帶兵來保護。」

弦高說：「我們鄭國是個小國，夾在秦、晉兩個大國中間，為了安全，我國的將士們枕戈待旦，日夜小心地守衛著每一寸國土，要是有誰膽敢來侵犯，我們一定會給以迎頭痛擊。這一點請將軍放心。」

孟明視又不甘心地說：「這麼說來，鄭國就用不著我們秦軍的幫助了嗎？」

弦高說：「我們已經做好了一切準備，如果貴國軍隊真的入境，我們將負責供應你們糧食和柴草，派兵保護你們的安全。」

孟明視聽了弦高的話，心想鄭國早已有所戒備，只得放棄進攻鄭國的打算。事後，鄭穆公召見了智言周旋而救國的弦高，並封他為軍尉。

從上面這則故事中，不難看出，弦高明知孟明視對自己的國家有所圖謀，而且憑藉自己當時的實力，根本無法對其進行正面抵抗或反擊，若衝動行事，無異於以卵擊石。所以他巧妙地採用綿裡藏針的策略，迂迴地讓對方知道鄭國對外敵入侵早有準備，起到了「不戰而屈人之兵」的微妙效果。

其實，綿裡藏針在外交上同樣意蘊深刻。

一九八四年九月，蘇聯外長葛羅米柯訪問白宮時，曾開玩笑似的對第一夫人南茜說：「請貴夫人每天晚上都對雷根總統說句悄悄話——和平。」言外之意，是雷根總統頭腦不夠冷靜，往往做出有損於世界和平的事。

對此，南茜回敬說：「我一定那樣做，同樣的，希望你的身邊人也能常常吹出這樣的『枕邊風』。」葛羅米柯聽後，心領神會地訕訕一笑。

葛羅米柯和雷根夫人的妙語，都在含蓄之中藏著三寸鋼針，一個刺得好，一個扎得妙。聽似玩笑，實則真言。憑藉委婉含蓄，政治家把尖銳的批評包藏起來，拋向對方，不顯山不露水地進行了一番較量。

人人各有立場，如果都衝動地、直截了當地闡明自己的立場，恐怕世界將紛爭不斷。所以既要維持表面的和諧關係，在捍衛自己的理念上又不能有絲毫讓步時，綿裡藏針便是最好的方法。

話術補充站

有時候正面交鋒不一定能起到好的效果，這時候，我們就要想辦法避開，並借助婉轉的方式予以反擊，捍衛自己的權利。

03 借題發揮，反唇相譏

我觸動起來，順口罵他兩句。就是你們文人說的，什麼「借題發揮」的意思呢。
——吳趼人【清】

借題發揮不會直接用自己的話來與對方爭辯，而是借用對方的言論或他人的言論來作答，進而改變對方，以達到自己的目的。

昭公十八年，鄭國發生火災。為了防備敵人和歹徒趁機作亂，趁火打劫，執事子產就分發武器來加強戒備。沒想到，這一來鄭國晉國駐守邊境的官吏竟指責說：「鄭國有了火災，晉國的國君、大夫都不敢安居，占卜占筮，奔走四方，遍祭名山大川，不敢愛惜牲畜玉帛。鄭國有了火災，是寡君的憂慮。可是，執事您卻大發武器登上城樓，究竟打算拿誰治罪？邊境上的人都為此害怕，不敢不向您報告。」

子產聽後回答說：「正像您說的那樣，敝邑的火災是君王的憂慮。敝邑的政事不正常，上天已降下火災。我們更害怕邪惡的人乘機打敝邑的主意，再次對敝邑不利，更加重君王的憂慮。如果將來有幸不被滅掉，那還可以解釋；如果將來不幸被滅亡了，那麼，君王即使為敝邑憂慮也來不及了。鄭國如果遭到別國的攻擊，只有希望取勝或投奔晉國。現在我們已經臣服了晉國，豈敢有三心二意？」

鄭國的舉措純屬內政，別國原本無可非議。可是當時晉強鄭弱，形勢所逼。所以，子產在回答時充分注意避免激化矛盾；而且，為了鞏固雙方的「和平共處」，他巧妙地把分發武器以防備「乘機打敝邑主意之人」的正當理由與對方的話掛上鉤。經過解釋，不但字字在理，而且處處為對方所言的君王憂慮著想，實屬滴水不漏，無懈可擊；最後在結語進一步說明鄭國對晉國的依賴和忠貞不貳，進而有效地打消了對方的疑慮。

有時候為了反擊對方的無禮和傲慢，可引用對方表達的言語句式，然後按相同的格式反擊過去，所需要的只是把意思反過來，這就是所謂的反唇相譏。

某年某地鬧災情，當地人選派一老者到縣衙報告災情以減免當年的稅收。到了縣衙，縣官問老者：「小麥收了幾成？」

「五成」。

「棉花呢？」

「三成」。

「玉米呢？」

「大約兩成吧。」

縣官聽了勃然大怒，厲聲說道：「有了十成收穫還來報災，豈不是想矇騙本官？」老者一聽，心中暗罵：「真是個混帳糊塗官！」但嘴上卻趕緊回答說：「哪敢，小民活了一百八十歲，也沒見過這麼嚴重的災年啊！」

「胡說！你怎麼會有一百八十歲？」縣官不知是計，問道。

長者說：「縣老太爺，你怎麼就不明白，我大兒子五十歲，二兒子三十歲，三兒子二十歲，我今年八十歲，加在一起一共不是一百八十歲嗎？」

縣官聽罷笑得前仰後合，嘴中說道：「哪有你如此演算法，你是不是老糊塗了？」

老者說：「可是你剛才是這樣算收成的啊！」縣官聞此一句突然止笑，終於明白原來是自己先錯了。

反唇相譏，是指受到惡意攻擊或挑釁而反過來譏諷對方。在日常生活和交往中，難免碰到一些心懷惡意的人，或出言不遜，或挖苦挑釁。如果一味地遷就忍讓，反而會助長對方的氣焰，使他們自以為是而變本加厲。所以，在必要的時候，為捍衛尊嚴，需以牙還牙，反唇相譏，給對方以有力的回擊，能使對方陷入被動尷尬的局面。

使用這種方法時，需要多加注意的是，首先，對對方言論或思路的反駁一定要直接，旗幟鮮明；其次，要有理、有力、有節，否則會變成毫無意義的爭吵，失去了辯說的價值。

話術補充站

借題發揮的關鍵在於這個「題」的選擇，千萬不能疏忽大意或者草草選擇，一定要謹慎對待，否則很可能讓對方占了先機，

04 因果歧術，延伸對方觀點巧駁擊

以子之矛，攻子之盾。

——《韓非子》

事物之間的內在聯繫是錯綜複雜且互相支配、互相滲透的。辯證法認為，任何事物的發展均遵循著一定的規律。但規律不是絕對不變的。同樣一件事，可以往好的方面發展，也可以往壞的方面發展。聰明善辯的人最愛鑽的就是這樣的空子。

有人說，口才好的人最大的本領就是能夠以事物的因果歧說來戰勝對方，因此，無論在什麼樣的物件面前，他總是可以「三難不倒」者而自居。

所謂因果歧說術，就是抓住事物與事物之間因果聯繫的可辯性，作為突出的辯點，來否定或悖論對方某一個觀點的一種說話技巧。

一天大清早，千戶長挺著肚子、晃著腦袋來到阿凡提家裡。阿凡提的狗看也沒看他一眼，就溜進了窩。千戶長自以為是地哈哈大笑，以為這下可以難為阿凡提了。

千長戶說：「瞧，阿凡提！你家的狗多麼怕我呀！我一來，牠吠也不敢吠一聲，就夾著尾巴躲進窩啦！」

阿凡提說：「不，閣下。我的狗不是害怕你，而是討厭你，所以才懶得去吠！」

上例中，為什麼狗不吠一聲就溜進了窩？同是一種結果卻引申出了兩種相互對立的結論。千戶長得出的結論是狗怕他，阿凡提得出的結論卻是狗討厭他。兩種結論互為因果悖論，但阿凡提的話更有哲理，當然力度更大，這就有力地嘲諷了千戶長的可惡、可憎，就連狗都懶得去「吠」他。

應該說，語言的靈活反應是因果歧說之根本。當你碰到一些愛鑽牛角尖的人，你可能就會在一件事情上繞來繞去，因為鑽牛角尖者的語言和思維往往是不按規律走的。其實，這種情況下你只要掌握了因果歧說術，熟讀一些名人精采的範句，就不至於困窘了。

有一次，蕭伯納的脊椎骨出了毛病，需從腳上取出一根骨頭來接補脊椎的缺損。手術做完以後，貪心的醫生想多撈一點手術費，結果卻被蕭伯納一句話頂了回去。

醫生說：「蕭伯納先生，這是我從來沒有做過的新手術啊！」

蕭伯納：「這好極了，那麼請問你打算支付給我多少試驗費呢？」

上例對話中，蕭伯納顯然知道醫生的用意，即如上所說的那樣鑽「從來沒做過的新手術」的牛角尖，以期索得蕭伯納的額外報酬。而蕭伯納的語言反應能力技高一籌。他透過因果歧說之術，以自己的身體成了試驗品而引出應該向對方索取試驗費的悖論結果，使那位貪得無厭的醫生偷雞不成反蝕一把米。

整體來說，因果歧說術的主要表現方式，是由同一種結果引申出相互對立的結論。將此法運用到攻心反擊中，不僅可避免面紅耳赤地與對方爭辯，而且能起到絕佳的作用。

話術補充站

從對方的觀點上延伸有幾點好處，首先，我們不必費盡心思去尋找合適的角度；其次，借助對方的觀點進行反擊很容易令對方啞口無言。

05 邏輯比較，將對方比下去

任何東西，凡是我們拿來和別的東西比較時顯得高出許多的，便是偉大。

——車爾尼雪夫斯基【俄】

在攻心反擊中，邏輯思維能力對一個人能否取勝非常重要。對於一個邏輯思維能力強的人來說，他可以透過找到兩個物件之間的聯繫，包括相同、相似、相對或相反等屬性，然後進行邏輯比較，將反擊的力量寓於邏輯引導中，順理成章地就將對方比下去。

在邏輯比較方法中，類比法和借比法是兩種常見而有效的好方法。

一、類比法

類比是邏輯方法的應用。它是根據兩個物件之間具有某些相同或相似的屬性，進而推出它們的其他屬性也相同或相似的方法。在借題發揮的過程中，如能因勢利導，針對對方的話題或本方的觀點，做出富有創造性生動形象的類比，可以使對方心悅誠服，使我們處於主動地位，取得意想不到的效果。

在一次大專辯論賽上，正反雙方代表針對「發展旅遊業，利弊孰大」展開激烈辯論。

正方認為，發展旅遊業一方面可以吸引外資，為國家經濟方展奠定長遠基礎，另一方面人員流動有利於各個國家和地區經濟文化交流，有利於增進人民之間的瞭解，所以發展旅遊業利大於弊。

反方認為，發展旅遊業利大於弊這個結論是有條件的，他們提出：「旅遊業受世界經濟整體形勢影響太大，可以說世界經濟咳兩聲，旅遊業就會得感冒甚至是肺炎，現在旅遊業不景氣是事實；旅遊業繁榮需要世界經濟拉動，但可惜的是世界經濟這個發動機也出了故障，動力不足。」

反方發言有兩個類比：一是世界經濟與旅遊業是咳嗽與感冒的關係，二是世界經濟與旅遊業是發動機與機器的關係。世界經濟咳嗽，旅遊業就感冒，世界經濟出故障，旅遊業就無法工作，進而說明了發展旅遊業利大於弊是有條件的結論。

二、借比法

借比法，就是將兩個相對或相反的事物或事例並舉出來，造成一種強烈的反差，使真的、善的、美的顯得更真、更善、更美，而使假的、惡的、醜的顯得更假、更惡、更醜。運用借比術取勝的關鍵，就在於顯示所比較事物的強烈反差，造成鮮明的形象對立，使荒謬昭然若揭。

莎士比亞的巨著《哈姆雷特》中有一段哈姆雷特與霍拉修的對白：

霍拉修：「殿下，我是來參加您父王的葬禮的。」

哈姆雷特：「請你不要取笑，我的同學！我想你是來參加我的母后的婚禮的。」

霍拉修：「真的，殿下，這兩件事相距得太近了。」

哈姆雷特：「這是一舉兩得的方法，霍拉修！葬禮中剩下來的殘羹冷飯，正好宴請婚禮上的賓客。」（注：哈姆雷特的父親是丹麥國王，他的叔父謀殺了他的父親，奪了王位，又向他的母親諂媚，娶了他的母親。這些故事都發生在短短的四個月之內。）

「葬禮中剩下來的殘羹冷飯，正好宴請婚禮上的賓客。」這一句尖銳的借比，強烈地表現了他叔父的惡毒和他對母親的不滿，形象鮮明，可說是極盡莎翁運用借比揭謬之能事。

現實生活中，往往有些自命不凡的人，講起話來信口開河，妄自尊大，面對這種人，你不妨讓他把話說完，然後抓住他洋洋得意中漏出的似是而非的反邏輯謬點，類比揭謬以迎頭痛擊，讓對方頓失招架之功，落荒而逃。

話術補充站

運用類比法可以不直接反駁對方，又讓對方敗下陣來，實在是不錯的反擊招數。

06 仿體技巧，借題反戈一擊

創造難，模仿容易。

——哥倫布【義大利】

三國時候有一位名士，叫做禰衡。曹操很不喜歡他，必除之而後快，於是舉薦他到昏庸暴戾的黃祖那裡去。果然，禰衡冒犯了黃祖而被殺掉。曹操的「借刀殺人」計真可謂高明。他巧借黃祖之手，既除掉了禰衡，又不用擔上「濫殺」的惡名。

其實，借刀殺人在語言交鋒中也時常得到應用。當然，我們所說的借刀殺人者並不是挑撥離間、搬弄是非的陰謀家，而是可以出神入化地運用「借刀」（即「借題」）詰難對方，達到出奇制勝效果的舌辯家。

「借題，反戈一擊」的關鍵點在於如何巧妙利用對手的「題」、論據和論斷過程反擊對方。不管他的「題」正確與否，我們統統拿來「依樣畫葫蘆」，把對方的言論透過我們的重新組織，使之出現不可能或荒謬的情況，進而駁倒對方。

其中，最為典型的一種方法就是仿體。仿體的基本方法是提煉出對手語言的基本結構和表達方式，然後用於另一類事物的推論之中，得出一個能令詭辯者啞口無言的結論，進而產生出奇制勝的效果。它大致類似於我們在前面講過的放大法、反說法，但仍有許多不同。常用的仿體有三種：

一、訴疑型

這種技巧的要點是：找出與詭辯者利益相關的事例；採用詭辯者使用的方法來解析事例，並仿照對方的表述形式；在論述中加入疑問的語氣，顯得有理、有力、有節。

A：你真不夠朋友！

B：為什麼這麼說？

A：你在戲院工作，完全有能力替我弄點公關票，可是你從來沒這樣做過。

B：你也有點不夠朋友吧？

A：我怎麼了？

B：你在銀行上班，完全有能力給我弄點免費鈔票，但是你做過嗎？

在這個例子中，B使用的就是訴疑型仿體技巧。指出對方的謬誤，但仍留有一定的餘地。使用疑問的口氣，不會使對方過分難堪。這種技巧適用於一些需要注意把握分寸的場合。

二、反難型

這種技巧要點在於：選擇與對方有利害關係的事例；採用對手使用的方法解析事例，並仿用詭辯的表達形式；在論述中強化肯定的語氣。

A：別穿高跟鞋，穿高跟鞋的女孩輕浮。

B：憑什麼這樣說？

A：穿高跟鞋怎麼能站穩？一絆到石頭，自然就會跌倒，這不就是輕浮嗎？

B：那你以後不許擦髮油，擦髮油的男孩滑頭。

A：亂講！

B：擦上髮油當然烏髮溜溜，怎麼能不油滑？說不定蒼蠅站上去還會滑倒，這就是滑頭的鐵證！

這種技巧的特點，是用對方自身設定的邏輯來限制對手，效果要比訴疑強烈一些，一般用於不需要留有分寸的場合。

三、反責型

要點在於：選擇與詭辯者有較強利害關係並具有可表演性事例；以意外的可感性活動使詭辯者窘迫；採用詭辯使用的方法並仿用表述形式，對該活動做出解釋。

A：洗完手再吃飯。

B：我才不洗呢！

A：為什麼？

B：洗淨了，還會髒的，何必多此一舉？所以，我不幹這種傻事……喂，你拿走我的飯菜幹什麼？

A：吃飽了，還會餓，何必多此一舉？所以，別幹這種傻事。

這種技巧突出特點是兼有表演性，在行動上給予對方某種嘲弄，進而誘使他反問。

一旦反問，便會發現自己上當了。一般來說，這種做法具有責罰、激怒和引誘的意味，只有這樣，才會使對方無法按捺怒火，跳起來責罵，進而鑽進設計好的圈套中去。

仿體式辯論技巧的三種方法，語氣從軟到硬，反詰效果從弱到強分別適合於不同的場合，在實戰中應當針對不同的人運用不同的事，區別加以運用。

話術補充站

對於仿體技巧的運用，我們有必要進行一定的訓練，這樣運用起來才會得心應手，不至於讓對方找到破綻。

07 運用正反術，不言而喻中取勝

愛鬥的、不安分的人總是跟性格溫和靦腆的人合得來，前一類人可從性格的對比中尋求心境地安寧，後一類人則為自己的軟弱尋求保護。

——大仲馬【法國】

正反術，是將兩件以上的事物的性質、範圍、作用等進行定量或定性的對比分析，進而取得勝利的方法。運用這種正反比較，可以比較同類事物，也可以比較異類事物；可以比較同一物件的不同方面，也可比較不同物件的同一方面；可以是縱向的比較、橫向的比較、現狀的比較、歷史的比較，也可兼而有之。但不管哪種比較，都應特別注意比較事物的強烈反差，形成鮮明的形象對比，這樣才能取得良好的效果。為了更好地理解這種方法，我們來看看魏惠王與齊威王鬥智的故事。

齊威王二十四年，魏惠王與齊威王一起在郊外打獵。魏惠王帶著幾分誇耀的語氣說：「你們齊國可有什麼奇珍異寶嗎？我們魏國雖不算大，尚且有十枚直徑為一寸的寶珠，這些寶珠晶瑩滑潤，玲瓏剔透，到了夜間，亮光閃閃，光華四射，能夠把前後十二輛車子照得通亮，真是不可多得的稀世珍寶。貴國這樣一個堂堂大國，怎麼連件像樣的國寶都沒有呢？遺憾！遺憾！」

齊威王微微一笑說：「我們所說的國寶與你們看重的國寶迥然不同：我有一個名叫檀子的大臣，現在鎮守在南城，他恪盡職守，愛兵如子，夜不卸甲，使得強悍的楚國人不敢騷擾我國的南部邊疆；我有一個名叫盼子的大臣，帶兵在高唐駐防，他辦事異常精細，防範特別嚴密，使得趙國人不敢在我國的河流裡撒網捕魚，為國家贏得了一大筆漁業收入；我有一個名叫黔夫的大臣，被派去治理徐州，他文武並用，恩威並施，使得燕國、趙國的許多老百姓都自願遷移過來；我還有一位叫種首的大臣，負責維護秩序，緝拿盜賊，他向各地發佈告示，曉以利害，讓老百姓群起監督，結果歹徒絕跡，盜賊自首，形成了夜不閉門、路不拾遺的太平局面。要講國寶，以上四位出類拔萃的賢才，就是我們的國寶。他們所反射的光輝，連千里以外的地方都照耀到了，哪裡是那些僅僅可以照亮十二輛車子的寶珠所能比的呢！」

魏惠王聽了，臉羞得通紅。

故事中，齊威王將自己的「國寶」與魏惠王的國寶作了一番比較，對方的只能照亮十二輛車子，而他的卻可以照耀到千里以外，使得天下太平。他將這兩種具有極大反差的「國寶」放在一起，孰優孰劣，一目了然。

所以，將正反術運用於交際場合是迅速擺脫困境、反擊對手非常好的方法，以對方的「得意」為起點，巧妙地進行正反對比，輕鬆取得不言而喻的勝利。

話術補充站

如果你遇到的對手運用了正反術，你要想反駁對方，必須注意其指出的資料是否真實、標準是否合理、分析是否全面等。若找到對方論據的誇大或荒謬處，你便可進行有力地反擊了。

08 三大招數，有效反擊惡意進攻

害人之心不可有，防人之心不可無。

——俗語

在社交場合，有時我們會遇到別人惡意的言語進攻，這時該怎麼辦？

你可視不同的對象，選擇不同的應付辦法。

一、仿擬話語

仿照對方諷刺性的話語形式製造出一種新的說法，進而將對方置於一種反而不利的位置上，進而使對方落人「聰明反被聰明誤」的自設的陷阱中。

丹麥著名童話家安徒生一生儉樸，常常戴一頂破舊的帽子在街上溜達。一次，一個富翁嘲笑他說：「你腦袋上邊的那個玩意兒是個什麼東西，能算是一頂帽子嗎？」安徒生馬上回敬了一句：「你帽子底下的那玩意兒是個什麼東西，能算是個腦袋嗎？」

對方本想嘲笑安徒生服飾破舊寒酸，不料反被安徒生嘲弄了一番。安徒生仿擬對方的話語形式，改換了幾個字詞，便辛辣地諷刺了對方的愚蠢，空長一副腦袋。

二、以毒攻毒

當對方用惡毒的話攻擊你的時候，你可以順水推舟，借他的話回敬他。

有一個掌櫃經常喜歡愚弄人，並常常以此自得。一天早上他正在門口吸著旱煙，看見趕集的大爺騎著毛驢來到門口，於是他就喊道：「喂，抽袋煙再走吧！」

大爺忙從驢背上跳下來，說：「多謝掌櫃的，我剛抽過了。」

這位掌櫃一本正經地說：「我沒問你呢，我問的是毛驢。」說完，得意地一笑。

大爺猛地轉過身子，照準毛驢臉上「啪啪」兩巴掌，罵道：「出門時我問你這裡有沒有朋友，你說沒有。既然沒有朋友為什麼人家會請你抽煙呢？」說完對準驢屁股又是兩鞭子，說：「看你以後還敢不敢胡說！」說完，翻身上驢，揚長而去。

這位大爺的反擊力相當強：既然你以你和驢說話的假設來侮辱我，我就姑且承認你的這個假設，借教訓毛驢，來嘲弄你與毛驢的「朋友」關係。

三、一石二鳥

抓住主要事實或揭露要害，置對方於窘境之中。

一九八八年，美國第四十一屆總統競選。民意測驗顯示：八月份前，民主黨總統候選人杜卡基斯，尚比共和黨總統候選人布希多出十多個百分點。

當布希與杜卡基斯進行最後一次電視辯論時，布希的策略是，抓住對方的弱點，揭其要害，戳其痛處，進而讓對方陷入窘境。

杜卡基斯嘲笑布希不過是雷根的影子，並嘲弄式地發問：「布希在哪裡？」布希輕鬆地回答了他的發問：「噢，布希在家裡，跟夫人巴巴拉在一起，這有什麼錯嗎？」平淡一句，卻語義雙關，既表現了布希的道德品質，又譏諷了杜卡基斯的風流癖好，置杜卡基斯於極尷尬的境地。

俗話說：「害人之心不可有，防人之心不可無。」練就隨機應變的語言表達能力至關重要，在防衛中運用優雅得體，睿智、幽默的語言會讓你顯得智慧和大度。

話術補充站

對於心懷惡意的人，我們是不得不防的。至於方法也是因人因事而異。值得注意的是，明刀易躲，暗箭難防，一定要小心對方的惡意進攻。

09 偷換概念再進行反擊

流言蜚語是一隻纏擾不休的黃蜂，我們對它決不能輕舉妄動，除非我們確信能打死它，否則它反擊我們時，會比從前更加兇猛。——尚福爾【法國】

某日，一位日本政治家在演講時，遭到當地某個婦女組織代表的指責：「作為一個政治家，你應該考慮到國家的形象，可是聽說你竟和兩個女人發生了關係，這到底是怎麼回事呢？」頓時，所有在場的群眾都屏聲斂氣，等著聽這位政治家的桃色新聞。

政治家並沒有感到窘迫難堪，而是十分輕鬆地說道：「不止兩個女人，現在我還和五個女人發生關係。」這種直言不諱的回答，使代表和群眾如墜霧裡雲中，迷惑不解。

然後，政治家繼續說：「這五位女士，在年輕時曾照顧我，現在她們都已老態龍鍾，我當然要在經濟上照顧她們，精神上安慰她們。」

結果，那位代表無言以對，而觀眾席中則掌聲如雷。

這位政治家在表面上甚至沒有反駁那位代表，他的高明之處在於「偷換概念」，把代表口中意指不正當男女關係的「發生關係」，偷換成他口中正當的報答和支持的「發生關係」。一般情況下，人們在同一思維過程中，使用語言的內涵和外延都應該是確定的，要符合邏輯的同一律，不能任意改變概念的範圍。

話術補充站

在與別人說話的過程中，當對方的話明顯不正確，或者明顯帶有挑釁意味時，我們應該儘量保持有風度的姿態說話，並且可以適當利用「偷換概念」的方法來點出對方的錯誤，如此一來，既不會讓自己失去優雅的形象，也能很好地反擊對方，真可謂一舉兩得。

10 對方耗費你的時間時你怎麼反擊

最嚴重的浪費就是時間的浪費。

——布封【法國】

一般來說，當對方浪費了你的時間時，讓對方產生愧疚感是最有效的反擊辦法。例如，當對方故意比約定的時間來得晚的時候，你一定要特意強調「沒關係，我真的不在意你遲到了」，這樣就會讓對方在心理上產生愧疚感。

斯坦福大學的心理學家麥力魯・卡魯史密斯博士和威斯康星大學的阿蘭・克勞斯博士曾經透過實驗證明，心中懷有愧疚感的人容易服從對方。

在實驗中，他們讓一位學生（不知情的被實驗者）因為使用電器造成對方休克（實際上對方並沒有受到電擊）而產生愧疚感，在這之後，這位學生對對方所提出，就算是毫無道理的要求的服從率是通常的三倍。

因此，在對方佔據了你的時間時，讓他產生愧疚感，是一種有效戰術。當對方佔據了你的時間時，還有一種反擊的辦法，就是再去佔據對方的時間。比如，當對方說「抱歉，請稍等」，離開一會兒的時候，你就把自己的資料在桌子上擺開，不慌不忙開始工作。即使在對方回來之後，你也可以說一句「請稍等一下」，繼續工作。這樣就又佔據了對方的時間，在談判中就取得了相對的平衡。

你如果沒有什麼事情來打發這段時間的話，那就隨便打個電話給誰。在對方回到座位之後，你也不要立刻掛電話，而是讓對方再稍等一會兒。這樣就向對方傳達了「我是非常忙的」訊息，向對方施加了無形的壓力。

當你覺得對方要控制你的時間的時候，立刻告辭也是一種有效的戰術。你不妨試一試這個辦法，你可以對祕書說：「××先生看上去很忙啊。請以後再和我聯繫。現在我還有別的事情要處理。」然後告辭。如果對方是故意讓你等待，那麼這時他應該會很著急，會立刻出來見你。即使對方沒有出來，由於你已經把告辭理由說得清清楚楚，也不會顯得沒有禮貌。

話術補充站

在進行反擊對方佔據你的時間時，還有一項規則：去佔據對方的時間應該和對方佔據了你的時間相同。如果對方佔據了你五分鐘，那麼你就隨便打個電話給誰，再占他五分鐘。如果對方佔據了你十分鐘，那你就奪回這十分鐘。

這種「立刻還擊戰術」非常有效，不過你必須配合適當的話語來進行掌控，避免惹怒對方而造成不好的影響。

11 借問題攻勢來佔據上風

提出一個問題往往比解決一個更重要。

——愛因斯坦【美國】

這是一位年輕人到某銀行一個實力雄厚的分行擔任行長的故事。

分行行長確實非常年輕，所以分行裡經驗豐富的老職員們都發牢騷說：「難道就讓這小子來指揮我們？」

但是，分行行長一到任，就立刻把老職員們一個個找來，連珠炮似的問起了問題。

「你一星期去A食品公司訪問幾次？每個月平均能去幾次？」

「製藥公司的職員是我們的老客戶，他們在我們銀行開戶的百分比是多少？」

就這樣，這位年輕的分行行長問倒了所有的老職員。

如果你想在和對方的談話中占上風，就應該提前準備很多估計對方根本回答不上來的問題，連續向他發問。對方回答不了這些問題，就證明你占了上風。

假如對方一下子就回答出來，那就繼續追問「除此之外，你還能舉出什麼例子嗎？」等問題，直到對方啞口無言。到最後，對方一定會回答不出來的。

根據美國心理學家對律師辯論技巧的調查，我們發現，不管三七二十一先連珠炮似的向對方發問，是一個駁倒對方的有效辦法。律師們在沒有關鍵證據的時候，先向對方問個不停，目的是為了讓法官和陪審員看到對方張口結舌、回答不出來的樣子。

故意問對方你知道的事情，也許會被認為是不懷好意。但是，問題攻勢的目的是使對方喪失氣勢，所以絕對不能心軟，要儘量使用這個辦法。

如果商業談判的對手閱歷比你豐富，學歷比你高，你可能會覺得非常沒有自信。在這種己不如人的場合下，就要使用蜂音技巧。當你看到對方面露難色的時候，你肯定能逐漸平靜下來，恢復自信。既然透過蜂音技巧展開問題攻勢的目的是駁倒對方，那麼一定要切記，所提出的問題要抽象、模糊，儘量找對方不好回答的問題。

舉一個日常生活中的例子來說。為了駁倒對方，你應該像下面例子中的「她」一樣，用問題緊緊逼問對方。

她：「你愛我嗎？」

他：「當然了。」

她：「那你讓我看看證據？」

他：「啊，證據？太突然了吧。」

她：「哼，沒有證據，那我怎麼相信你是真的愛我啊？」

他：「……」

話術補充站

有的研究者認為這種連珠炮似的發問就像「蜜蜂振動翅膀發出的令人煩躁的聲音」，把它叫做「蜂音技巧」。這是一種用讓人心煩的雜訊來駁倒對方的戰術。人們對於涉及詳細數字的問題，都不可能立刻回答出來，所以這個戰術十分有效。

12 避而不答，轉換話題

任何問題都有解決的辦法，無法可想的事是沒有的。

——愛迪生【美國】

問題攻勢是一個順利駁倒對方的有效方法。但是如果對方用了這一招時，你是否只能乖乖束手就擒呢？答案當然是否定的，我們還有有效的反擊方法。

最有效的反擊方法就是先胡亂給對方一個答案，讓對方產生混亂。你可以找一個和問題沒有直接關係的話題，陳述自己的觀點，當對方墜入雲裡霧裡之後，再說：「也許這並不算答案……」對於對方的問題，如果你直接說「我不知道」，那你就輸了。反之，避而不答，轉換話題的話，至少向對方展示了你的知識儲備，所以不能認為這種回答一點用處也沒有。

很多政治家和官員都喜歡用這個方法，很多場合下也確實可以不直接回答對方的問題。因為對方向你展開問題攻勢，背後隱藏的目的是要降低你的氣勢，所以在這種情況下不必清清楚楚地回答問題。

心理學中有很多獨特的實驗，曾經有項實驗讓我們吃驚地發現，如果詳細回答對方並沒有提問的問題，能夠提高別人對你的信任度。下面來介紹這個實驗。

這個實驗是由華盛頓大學心理學系的貝爾博士和勞福塔斯教授進行的。他們為了找出「什麼樣的目擊者最值得信任」這個問題的答案，在實驗中編寫了兩組答案。對「你確實看到了開車肇事者逃逸的現場了嗎？」

這個問題，第一組證人用猶豫不決的口氣回答說：「肇事者的車速是四十公里，不，好像是三十五公里左右，也可能是三十公里左右……」第二組確鑿而詳細地說：「我非常清楚地記得肇事者領帶的顏色和圖案，那是……」

關於肇事者領帶的顏色和圖案的回答，原本和所問問題毫無關係。但是實驗參與者認為，把自己知道的事情詳細地說出來的第二組證人更值得信任。

當對方向你展開問題攻勢，或者讓你做某方面的彙報時，你應該先大大方方地把自己知道的知識全部說出來。被提問時，最糟糕的表現就是吞吞吐吐地說「那個……嗯……」這樣的話，這就會讓對方佔據心理上的優勢。

當然，詳細陳述無關的話題，最終並沒有回答對方的問題。但是，我們應該真正重視的是、在心理上堅決不能輸給對方。為了達到這個目的，即使是無關的話題、你也應該先滔滔不絕地說上一遍。而且即使被追問得很厭煩時，你也絕對不能吞吞吐吐，而要調動自己所有的知識，不管怎樣先具體陳述一下，這樣才能獲得對方的好感。

話術補充站

如果遇到不想回答的問題，也不必擔憂，只要轉換一下話題即可。對方如果不依不饒，我們也可以不斷的轉換話題，早晚會讓對方放棄。

適時沉默
比侃侃而談更有效

01 時機未到時保持沉默

沉默較之言不由衷的話更有益於社交。

——蒙田【法國】

哲學家說：沉默是一種成熟；思想家說：沉默是一種美德；教育家說：沉默是一種智慧；藝術家說：沉默是一種魅力。在人際交往當中，沉默是一種難得的心理素質和可貴的處世之道，當然，任何事情又不是絕對的。

心理學告訴我們，在不同的場合環境中，人們對他人的話語有不同的感受、理解，並表現出不同的心理承受力。正因為受特殊場合心理的制約，有些話在某些特定環境中說比較好，但有些話說出來就未必佳。同樣的一句話，在此說與在彼說的效果就不一樣。因此，說什麼、怎麼說，一定要顧及說話的環境，如果環境不相宜，時機未到，最好的辦法是保持沉默。

在生活中，我們有時故作「遲鈍」未必不是聰明人，「遲鈍」的背後隱藏著過人的精明。有人推崇一種「大智若愚」型的藝術——意即在商業活動中多聽、少說甚至不說，顯示出一種「遲鈍」。其實這樣做的目的，是為了獲得最大的利益。少開口不做無謂的爭論，對方就無法瞭解你的真實想法；反之，你還可以探測對方動機，逐步掌握主動權。

這時候的沉默，實際是「火力偵察」。「話到嘴邊留半句，不可全拋一片心。」「言多必失，語多傷人」、「君子三緘其口」的古訓，把緘口不言奉作練達的安身處世之道。今天，我們亦應謹記這些古訓，該沉默時一定要三緘其口。沉默，是一種態度。沉默，是一種特殊語言。沉默，也能贏得百萬金。

話術補充站

很多時候，時機未到，我們保持沉默都不會給自己帶來不利影響。在等待的過程中，我們也可以更好地組織語言，以便開口時讓對方心服口服。

02 受到攻擊時保持沉默

小理可以用文字來說清楚；大理卻只有沉默。

——泰戈爾【印度】

雄辯如銀，沉默是金。在日常生活中，有些時候確實是沉默勝於雄辯。與得體的語言一樣，恰到好處的沉默也是一種語言藝術，運用好了常會收到「此時無聲勝有聲」的效果。

假如我們在生活中遇到個別強詞奪理、無理辯三分或者出言不遜、惡語傷人的人，與之爭辯是非或是反唇相譏，往往只能招來他們變本加厲的胡攪蠻纏。對付這種人的最好辦法往往不是以眼還眼、以牙還牙，而是保持沉默。這種無言的回敬常使他們理屈詞窮，無話可說，正如魯迅先生所說：「沉默是最好的反抗。」

國外某間有名大學，曾發生過老師和校長反目的情形，即該校校長遭到許多老師的圍攻。當時，也有一群學生衝進校長的研究室，對他提出各種質問。但是，無論教師說什麼，這位校長始終不開口，雙方僵持了幾個小時後，教師終於無可奈何地走了。

這位校長保持沉默，實際上也是一種反抗，同時又給對方一種高深莫測的感覺，進而造成心理上的壓迫感。由此看來，「沉默是金」確有一定道理。

當對方出於不良動機，對你進行人身攻擊，並且造謠誹謗時，如果予以辯駁反擊，又難以分清是非，這時運用輕蔑性沉默便可顯示出銳利的鋒芒。你只需以不屑的神情，嗤之以鼻，就足以把對方置於尷尬的境地。

公司單位有兩個採購員，宇漢因超額完成任務而受獎勵，雲鵬卻因不盡力而被罰。但雲鵬不認為是自己的問題，反而說三道四。

在一次公眾場合，他含沙射影地說：「哼，不光彩的獎勵白給我也不要！有酒有菸我還是留著自己用吧，給當官的舔屁股，我可學不會！」宇漢明白這是在罵自己，不免怒火頓升，本想把話頂回去，可是轉念一想覺得如果和他爭吵，對方肯定會胡攪蠻纏，反而助長其氣焰。於是他強壓怒火，對著雲鵬輕蔑地冷笑一聲，以不值一駁的神色搖了搖頭，轉身離去，把雲鵬晾在一邊。雲鵬的臉紅一陣白一陣的，窘極了。眾人也哄笑道：「沒有完成任務還咬什麼人，真差勁！」至此，雲鵬已經無地自容。

在這裡，雲鵬的輕蔑性沉默產生的批駁力，比之用語言反駁顯得更為有力、得體，更能穿心透骨。這也許是對付無理挑釁者的最有效反擊武器。

有些人在遇到麻煩的時候，常常喋喋不休，嘮叨不止，殊不知這樣正好暴露了自己的弱點。處在尷尬情況下，與其聒噪不停甚至說錯話，倒不如保持沉默。

沉默像樂曲中的休止符，它不僅是聲音上的空白，更是內容的延伸與昇華。它是一種無聲的特殊語言，是一種不用動口的口才。也正像休止符一樣，沉默只有運用得恰到好處，才能收到以無聲勝有聲之效。如果不分場合，不講分寸，故作高深或多情而濫用沉默，其結果必然是事與願違，只能給人以矯揉造作或是難以捉摸的感覺。

我們在運用沉默時，不應該把它和語言截然分開。恰恰相反，沉默和語言的和諧一致，相輔相成，才正是沉默的功效。

話術補充站

在別人攻擊我們的時候，我們如果即時反擊很可能讓對方惱羞成怒，以助於雙方鬧得很不愉快，甚至有當眾爭吵的危機。

03

心照不宣時保持沉默

當我沉默的時候，我覺得充實；我將開口，同時感到空虛。

——魯迅

「心照不宣」即心裡明白但不說出，這也是保持沉默的一種方法。

在一座寺廟裡，有一位德高望重的長老，他手下有一個非常不聽話的小和尚。這個小和尚總是深更半夜越牆而出，早上天未亮再越牆而入。長老一直想批評這個小花和尚，但苦於沒有罪證。

這一天深夜，長老在寺廟裡巡夜，在寺院的高牆邊發現一把椅子。他知道必定是那個小和尚藉此越牆到寺外。於是，長老悄悄地搬走了椅子，自己就在原地守候。

午夜，外出的小和尚回來了。他爬上牆，再跳到「椅子」上。突然，他感覺「椅子」不似先前硬，軟軟的甚至有點彈性。落地後的小和尚才知道，椅子已換成了長老，小和尚嚇得倉皇離去。

在之後的日子裡，小和尚覺得度日如年，他天天都誠惶誠恐地等候著長老對他的懲罰，但長老依舊和從前一樣，對這件事隻字未提。

小和尚覺得再也無法忍受了，他不想每天都在煎熬中度過。於是，他鼓起勇氣找到長老，誠懇地認了錯，哪知長老寬容地笑了笑，說：

「不用擔心，這件事只有天知、地知、你知、我知，你還怕什麼？」小和尚從此備受鼓舞，他收住心，再也沒有翻過牆。經過刻苦的修練，小和尚成了寺院裡的佼佼者。

若干年後，老和尚圓寂，小和尚成了長老。

對於小和尚犯的錯誤，長老明知卻沒有直接批評，而是採用沉默的方式達到指責的效果。類似的故事也曾發生在校園裡。

有位老師發現一位學生上課時總是低著頭，不知在畫什麼。有一天，他走過去拿起學生的畫，發現畫中的人物正是齜牙咧嘴的自己。老師沒有發火，只是笑了笑。

但是，從此那位學生上課時就再沒畫過畫，各門功課也都學得不錯。後來，他成為頗有名氣的漫畫家。

試想一下，如果老師不是保持沉默——笑了笑，而是採用大聲斥責的方式，會帶來什麼樣的後果呢？也許該學生會跟老師作對而老師會對其失望，如此下去，他能否成為漫畫家？值得深思。

日本海軍偷襲珍珠港得手後，儘管美軍損失慘重，太平洋艦隊幾乎全軍覆沒，但是在一些美國議員之中，還有為數不少的議員反對美國向日本宣戰。

當時羅斯福已經將局勢分析得十分明朗，他明白如果不趁日軍立足未穩時發動戰爭，等到將來會變得異常艱巨。同時，他也明白那些持反對態度的人的想法。第一次世界大戰中，美國在最後階段才參戰，而且由於戰爭不是在美國本土進行，因此還因第一次世界大戰而大發其財。所以，現在美國一旦參戰，國內經濟必受影響，同時戰爭的勝負很難預料，如果戰事對美國不利，到時如何收場？

羅斯福明白這些人的憂慮，但他以政治家的眼光覺察出這些擔憂是不必要的，所以美國必須參戰。

在一次會議上，當大家為戰還是不戰而爭論不休時，羅斯福突然站了起來，因為他雙腿殘疾，所以平常總以輪椅代步。當他掙扎著要從輪椅上站起來時，兩名白宮的侍從慌忙上前想幫他一把，但讓人意想不到的是，羅斯福憤怒地將他們推開。

於是，在眾人驚訝的目光中，羅斯福搖搖晃晃地掙扎著，從輪椅上緩緩地站了起來。然後他滿臉痛苦卻倔強地堅持站著，默默地看著周圍的人，不發一言。

全國的電視觀眾都看到這一畫面，他們感動了，是呀，有什麼困難是不能克服的。於是，國會很快做出決議：對日宣戰。

爭論有時無法解決問題，就像上面的情況一樣。在正確的問題上受到別人的反對時，不妨保持沉默，以行動來表示自己的意見，說服別人。

話術補充站

不是什麼時候都可以用言語來表達的，有的時候大家心照不宣，很多話不說也都明白，這個時候就沒有必要開口了。

04 不明就裡時保持沉默

良心唯有經常以沉默形式來講話。

——海德格爾【德國】

在不知道對方底細的情況下，不要輕易開口，保持沉默，不但能揣摩對方意圖，往往能變被動為主動。如果冒失開口，將會造成難以挽回的損失。

某博物館派出某館員招攬櫥窗廣告業務，這位館員專程趕到當地一家製鞋廠，稍加瀏覽，就與廠長談生意。他自以為是，頗為認真地手指著廠房裡陳列出的各類鞋產品，誇獎一通：「這種鞋子款式新穎，美觀大方，如果與我們館合作廣為宣傳，一定會提高知名度的！然後就會暢銷全國，貴廠生產也會蒸蒸日上啊！」

聽起來聲情並茂又具說服力，可惜說話人並非製鞋內行，又沒做準備工作，沒有事先虛心討教探探「底」，探測資訊，就誇耀對方廠中積壓的一批過時產品。結果廠長不動聲色地答道：「謝謝你。可惜你指出的這批鞋子，全部是落後於市場供求形勢的第七代產品，現在我們的第九代產品正在熱銷。」

僅此兩句話，就讓這位館員無話可說了。

這位館員的話語沒有說到點子上，讓廠方覺得這樣的話一聽顯然是外行，和他們合作也沒什麼前途，不如趁早「鳴鑼收兵」。廠方將這位館員不得章法的話視為花言巧語，進而在心理上築起了防線。於是，一個眼前的客戶跑了，一樁即將完成的生意砸了。不是因為該說的沒說，而是因為開口太早，說得太多，讓自己「曝了光」。如果例中的這位館員能夠記住「知彼知己」的道理，從累積資料，分析清楚問題所在，再去遊說企業的領導人豈有不勝之理？

說話盲目易造成危害，無形之中是貶低了對方。如果是有目的、有意識地刺激他，你也會同樣達到目標。因為你已經摸清了彼方的情況。透過這樣一場較量，使用先揚後抑的談話藝術，以退為進，激將對方，調動對方的積極性，就自然而然地收到很理想的效果。

話術補充站

在任何時候，在你開口之前，都應該確保對情況有一定的瞭解，否則，在沒有瞭解清楚之前貿然開口很可能說錯話、得罪人。

05 別人論己時切莫打斷

尋找沉默統治不到的地盤。

——梅特林克【比利時】

在特定的環境下，沉默常常比論理更有說服力，尤其是當聽到別人談論自己的時候。很多人容易犯這樣一個錯誤：「一旦別人談到自己時，尤其是不利於自己的情況時，往往會打斷別人，進行爭論。其實，這是最不明智之舉。」

伊利亞・愛倫堡的長篇小說《暴風雨》出版後，在社會上引起震撼，褒貶不一，莫衷一是。某報主編不知從哪裡瞭解了史達林對《暴風雨》有看法，說是「水杯裡的暴風雨」。顯然該書應該受批判。為了討好史達林，就集合編輯部討論這部小說，以表示該報的政治敏感和高度的警惕性，表明該報鮮明的立場。

討論進行數小時，發言人提出不少批評意見。由於主編的誘導，每個人的言辭都很尖刻，如果批評成立的話，足以讓作家坐幾年牢。可是在場的愛倫堡表現的極為平靜，他聽著大家的發言，顯出令人吃驚的無動於衷。這讓那些與會者無法忍受，他們紛紛要愛倫堡發言，從思想深處批判自己的錯誤。

在大家的再三督促下，愛倫堡只好發言。他說：「我很感謝各位對鄙人小說產生這麼大的興趣，感謝大家的批評意見。這部小說出版後，我收到不少來信，這些來信中的評價與諸位的評價不完全一致。這裡有封電報，內容如下：

『我懷著極大興趣讀了您的《暴風雨》，祝賀您取得了這麼大的成就。

史達林』

主編的臉色很難堪，他以最快的速度離開會場。那些原本批判尖刻的評委們，也紛紛離開了。愛倫堡輕輕地搖搖頭：「都怪我這麼過早地發言，害得大家不能再說話了。」

愛倫堡的聰明在於，如果他據理反駁，必能激起同仁們更加尖銳的批評，這種場合最明智的做法就是保持沉默，褒貶隨人。別人批評或者談論你時，不必急於否認或者急於表現自己。

有人問，如果他們批評得不對，明明自己是被冤枉的，還不申冤那不就顯得自己太窩囊了嗎？如果你真是被冤枉的，大家都在七嘴八舌地指責你，你當場據理力爭就只會讓自己陷入更深一輪的語言轟炸，非但無法洗刷冤屈，還會讓他人更加「團結」起來打擊你。

所以，有時候保持沉默很重要。沉默的力量是無邊的，它可以幫你說服反對你的人，讓你向成功邁進。我們要學會沉默，學會在別人論己時保持沉默。

話術補充站

當別人在談論你時，你最好先保持沉默。當然，也不是讓你一直保持沉默，只是等其他人都已經批評累了，沒有興致的時候，你再適時回擊。這樣一來，別人已經無暇繼續反駁你，二來你也可以替自己洗刷冤屈。

06 看準時機再說話

言未及之而言謂之躁，言及之而不言謂之隱，不見顏色而言謂之瞽。

——《論語》

孔子在《論語・季氏》裡說：「言未及之而言謂之躁，言及之而不言謂之隱，不見顏色而言謂之瞽。」這句話有三層意思：「一是不該說話的時候說了，叫做急躁；二是應該說話的時候卻不說，叫做隱瞞；三是不看對方的臉色變化，貿然信口開河，叫做閉著眼睛瞎說。」

這三種毛病都是沒有把握說話的時機，沒有注意說話的策略和技巧。說話是雙方的交流，不是一個人的單方面行為，它要受到各方面條件的制約，如說話對象、周邊環境、說話時間，等等，所以說話要把握時機。如果該說的時候不說，時境轉瞬即逝，便失去了成功的機會。同樣的，如不顧說話對象的心態，不注意周邊的環境氣氛，不到說話的時候就搶著說，很可能引起對方的誤解。如果信口開河，亂說一通，後果就更加嚴重。所以，說話掌握好時機是非常重要的。

沒有掌握最恰當的時機說話，不論話的內容有多麼精采，也不會有任何意義，因為對方無法接受你的意思。這猶如棒球運動員沒有掌握好擊球的瞬間，結果揮棒落空。

某學校為兩位退休老教師舉行歡送會。會上，校長非常得體地讚揚了兩位的工作和為人。但是，兩相比較之下，其中那位多次獲得教育部頒發獎狀的老教師，得到了更多的美譽。這讓另外一位老教師感到相當難過，所以在他講完感謝的話以後，又接著說：「我這輩子最遺憾的是……我到現在為止一次都沒有得獎過……」這時，一位平日裡與他不合的年輕教師突然開口說：「不，是我們不好，是我們沒有幫你提名。」

一時間，原本會場上溫馨感動的氣氛被尷尬所取代。

校長看氣氛不對，馬上接過話說：「其實，得獎只是一個型式罷了，沒得過獎並不重要，並不代表你不夠好，我們最重要的還是要看教學狀況……」這位校長本來是想要緩和一下氣氛，結果反而使局面更糟糕。

其實，會場的氣氛之所以會如此尷尬，最主要的還是退休老教師、年輕教師以及校長他們三人沒有掌握好說話的時機。首先是那位退休老教師，就算自己心裡面有多少遺憾，也不應該在歡送會這樣的場合上講出來。而那位年輕教師，也不應該在這樣的場合上為圖一時之快，說那些刻薄的話。最後，那位校長在場上出現尷尬的時候，應該極力避開那個敏感話題，而不是繼續在這個話題上嘮叨不休。

所以，我們要在不同的時間、地點、人物面前說合適的話，該說話時才說話，而且要說得體的話。只要我們有充分的耐心，積極進行準備，等待條件成熟，順理成章地表達自己的觀點，不僅能贏得對方的開心又能令自己舒心。

以下四點可以讓我們從容尋找到說話的恰好時機：

一、要看準時機再說話，要有耐心，積極準備，時機到了才能把該說的話說出來。

二、沉默是金，並不是說要一味沉默不語，該說話的時候就不要故作深沉。比如，上司遇到尷尬情況了，就需要你站出來為他打圓場，同事有衝突了，需要你開口化干戈為玉帛。

三、看準時機，說不同的話。這些話都要與當時的場合、時間、人物相吻合。

四、該說話的時候要說話，因為有時候機會轉瞬即逝，錯過這個說話的時機，也許以後就不會再有機會了。

話術補充站

說話不僅要講究輕重、曲直，還要有見機行事的智巧，知道什麼時候該說話，什麼時候該保持沉默。

07 別人說話時不要隨便插嘴

即使當他是正確的時候也能保持沉默的人，離神最近。

——佚名

在別人說話時，我們不能只聽到一半或只聽一句就裝出自己明白的樣子。在聽別人說話時，要不時做出反應，如附和幾句「是的」等話語，這樣既讓說者知道你在聽他說，又讓他感覺你有尊重他，使他對你產生濃厚的興趣。

但是，萬事都有所忌，都要把握分寸。許多人過分相信自己的理解和判斷能力，往往不等別人把話說完就中途插嘴，這種急躁的態度很容易造成損失，不僅容易弄錯了對方說話的意圖，還有失禮貌。

當然，在別人說話時一言不發也不好，對方說到關鍵的時刻，說完後若你只看著對方而不說話，對方會感到很尷尬，他會以為沒有說清楚而繼續說下去。

還有不少人在傾聽別人說話時表現得唯唯諾諾的樣子，好像什麼都聽進去了，可是等到別人說完，他卻又問道：「很抱歉，你剛才說什麼？」這種態度，對於說話者來說是有失禮節的事。

所以，即使你真的沒聽懂，或聽漏了一兩句，也千萬別在對方說話途中突然提出問題，必須等到他把話說完，再提出：「很抱歉！剛才中間有一、兩句你說的是……嗎？」如果你是在對方談話中間打斷，問：「等等，你剛才這句話能不能再重複一遍？」這樣，會使對方有一種受到命令或指示的感覺，那麼，對你的印象就沒那麼好了。

聽人說話，務必有始有終。但是能做到這一點的人並不多。有些人往往因為疑惑對方所講的內容，便脫口而出：「這話不太好吧！」或因不滿意對方的意見而提出自己的見解，甚至當對方有些停頓時，搶著說：「你要說的是不是這樣……」這時，由於你的插話，很可能打斷了他的思路，使他忘了要講些什麼。

一個精明而有教養的人與人交談時，即使對方長篇大論地說個不休，也絕不會插嘴。貿然打斷他人的言談不僅是不禮貌的事，而且什麼事也不易談成。

同時，你還應注意一點，當別人談話時，不要靜悄悄地站在他們身旁，好像在偷聽一樣。你要盡可能找個適當機會，禮貌地說：「對不起，我可以加入你們嗎？」或者大方地、客氣地打招呼，叫你的朋友介紹一下，就能很自然地打破這個情況。千萬不要打斷他們的話題，以免出現尷尬的氣氛。

話術補充站

當別人在說話時，我們貿然插嘴會讓對方覺得我們很沒有禮貌，此時，我們說出的任何話語都不會起到好效果，只會令別人反感。

08 用肢體語言或眼神來「說話」

一個人的話太多，代表他說話是不用腦子的。

——西方諺語

有時候，話太多不見得是好事，反而會壞了大事。心理學家認為，無聲語言所顯示的意義，要比有聲語言多得多，而且深刻得多。曾有國外的心理學家還對此列出了一個公式：

人與人之間的訊息傳遞＝七％言語＋三十八％語氣＋五十五％表情。

對這個公式所表達的言語、語氣、表情在資訊傳遞中資訊承載量的比例尚可作進一步的研究和探討，但它強調無聲語言在人際傳播中的作用，還是有很大的意義的。因此，真正會說話的人，不僅會用嘴說，還要懂得如何用「不說」來說，同時也必須會運用表情和肢體語言。

本書所探討的，是一種「話語攻心術」，重點既在「攻心」，就要以「心」為重，針對我們要攻的物件，分析他的心理狀態和弱點，以此來決定什麼時機該說什麼話，什麼時機不該說什麼，或是該說多少話。不該說的，一個字也不多說，如此才能攻到對方的「死穴」，說得恰到好處，剛好打中對方的痛點，不會太輕也不會太重，才算得上是說話的「策略高手」；並非多說或口若懸河才是說話高手。

在兵法中，以靜制動，以虛待實甚至以逸待勞，都是以無為牽制對方的積極，這是一種心理戰，也是一種超高智謀的策略。因為，我們可以用最小的成本就掌握了勝算，驅敵退敵於無形無聲無為之中，這才是真正的策略高手。

同樣的道理，在某個時機點，如你懂得運用「無聲勝有聲」的策略，也就是用「不說話」的說話術，用肢體語言或眼神或你的姿態和氣勢來說話，反而比你滔滔不絕來得有效。

某一位印刷廠老闆得知另一家公司要購買他的一批舊印刷機，他感到十分高興，但是外表卻是一副不在乎的樣子。經過一再計算，他決定以兩百五十萬元為底的價格出售這批機器，並且自認為已經準備了充足的理由要說服對手成交。

議價會議時，他坐在談判桌上，以沉穩的氣勢不說一句話。

果然，過了幾十分鐘，大家的客套話說完，買主首先沉不住氣了，他滔滔不絕地對機器進行挑剔，希望把價格砍得更低。

然而，面對買主的一再殺價，印刷廠的老闆很沉得住氣，他一言不發，只是報以微笑。這樣的舉動讓買主摸不著頭緒，甚至亂了方寸，因為買主完全想不透他到底在玩什麼花樣，他不反駁也不據理以爭，完全和買主所設想的不同。這時，買主心頭一驚，心想：難道這位印刷廠老闆早就已經找到了買主，所以才如此鎮定？

最後，買主按捺不住了，低聲咬著牙說道：「這樣吧！我出三百五十萬元，但除此之外，一塊錢也不能多給了。」

三百五十萬元！這比印刷廠老闆原來的估計要高出許多，這是他始料不及的，就這樣，印刷廠老闆「不說話」就順利賣出了舊機器。

事後，告訴他說自己之所以敢用如此大膽的策略，是因為早就聽說這位買主因為和股東拆夥，手上資金不多，但最近又接了好幾十批貨要印，沒有機器肯定交不了貨，一旦違約損失更慘重，他是無論如何都要買的，為了壓低價格，他只能虛張聲勢、投石問路，試試能不能省點錢。事實上，只要賣方不要太積極回應，感覺上好像可賣可不賣，或者已經有人搶先出價了，買方心理上就會開始恐慌，生怕價格出得太低，失去了這批舊機器，因此才會急著出高價買下。

前面說過，運用這招「不說話」攻心術，關鍵在於要選擇合適的時機點；這位買主的急於成交，就是最適合這個策略的「時機點」。因此在運用此策略前，必須先分析是否適合運用這個沉默策略，並非所有狀況下都可以運用。

「以靜制動，以逸待勞」是中國古代的謀略術語。老子也說：「虛而不屈，動而愈出」，同時也要求人們「抱樸守靜」，以觀其動。強調「知其雄，守其雌」、「知其白，守其黑」。意思是說，如果我們能把激烈的情緒平息下去，以清靜無為的心理狀態，敏銳地觀測事物的變化，就能抓住關鍵點，迅速攻擊，克敵制勝。

因此，我們也提倡在談話活動中「貴虛」、「尚靜」，以一種清明澄靜的心理狀態，攻破對手的心理防線。

話術補充站

在運用這種「不說話」技巧時，如在關鍵問題或有爭議的問題上，對方急於要求你表態，你必須反其道而行之，一言不發或者避而不談，藉以激怒對方，擾亂對方的心理，進而改變對方談判的態度。

再者，當對方處於優勢，己方處於劣勢時，在行動上採取以退為進的方法，靜觀其變，然後伺機扳回劣勢。

09 各種沉默方式的具體用法

學會善言不易，學會沉默更難。

——諺語

在特定的環境中，沉默常常比論理更有說服力。我們說服人時，最頭痛的是對方什麼也不說。反過來，如果勸者什麼也不說，對方的錯誤意見就找不到市場了。不同的沉默方式有不同的作用，運用時必須恰到好處。

一、不理不睬的沉默可擺脫無聊的糾纏

當你正為自己的事情忙得不可開交的時候，同事卻不知趣地想跟你閒聊，或者有推

銷員厚著臉賴著不走，或者有人找你去做你不想做的事情。這時，你盡可能對他們一言不發，不理不睬。過一會兒，他們見你無反應，定會知趣地悻悻走開。

二、毫無表情的沉默能讓人深思

有些人態度倒是很積極，但發表意見時不免有些偏頗，令人難以接受，若直截了當地駁回，又易挫傷其積極性，循循誘導又費時，精力也不允許，最好的辦法便是毫無表情的沉默。他說什麼，你儘管聽，「嗯」、「啊」……什麼也不說，等他說夠了，要告辭了，再用適當的不帶任何觀點的中性詞和他告別：「好吧！」或「你再想想。」別的什麼也不說。這樣，他回去後定然要竭思盡慮：「今天談得對不對？」「對方為什麼不表態？」「錯在哪裡？」也許他會向別人請教或是自己悟出原因。

三、轉移話題的沉默能使人樂而忘求

對要回答的問題保持沉默，而選準時機談大家的熱門話題並引人入勝，使對方無法插入自己的話題，且從談話中悟出道理，檢討自己。

四、信心堅定的沉默能使人順服

某上司有一次交代屬下辦一件較困難的任務，當然，是他能勝任的任務。交代之後，對方講起了「價錢」。於是上司保持沉默，連哼也不哼。「困難如何大……」，「條件如何差……」，「時間如何緊……」，說著說著他就不說了。最後只說了一句：

「好，我一定完成。」

話術補充站

沉默是金，有時沉默不語能夠出奇制勝，有時滔滔不絕，反而有理說不清。

10 沉默應對別人的批評，讓對方覺得你認錯態度良好

沉默不會使人後悔。

——俗語

對過於瘋狂的人最好的回答就是沉默。因為，說不定回答他的每一個詞都會反過來落到你頭上，到頭來以怨報怨。

在特定的環境中，保持沉默常常比論理更有說服力。當我們想要說服某人時，最令人難以應對的狀況，就是對方什麼也不說。反過來，如果勸人者什麼也不說，對方的錯誤意見就不攻自破了。適時地保持沉默不僅是一種精明之道，而且也有實際的好處。常

言道「沉默不會使人後悔。」

有一隻烏龜住在池塘裡，每當春天來臨，池塘邊就會有一群大雁光顧，在那裡嬉戲玩耍。年年如此，時間長了，小烏龜就和牠們成了很要好的朋友。

有一年，大雁又來這裡「渡假」。在與大雁閒聊的過程中，小烏龜聽說南方不僅氣候溫潤，而且景色優美，最重要的是還有很多好吃的物產。小烏龜聽牠們這麼一說，情不自禁萌生了一個念頭，就想和大雁一起去南方看看，生活一段時間。

但牠不會飛，怎麼才能到南方呢？

一隻大雁聽了牠的想法後，就說：「沒問題，你儘管放心，我想好了，我和我的同伴各叼著木頭的兩端，你就銜著木頭的中間，那樣我們就可以一起飛到南方了。但是你一定要記住，千萬千萬不能開口說話。」烏龜聽了大雁的主意非常高興，自己終於也可以到南方去了。

於是，大雁就銜著烏龜飛離池塘。

飛過第一個村落時被一些人看見，便議論紛紛，說：「快看，天空有大雁銜著烏龜在飛呢。」烏龜看著好奇的人們，想說明什麼，但想起大雁的警告就忍住沒說話。

飛過第二個村落，被一些人看見，便又議論紛紛，說：「你們看，兩隻美麗的大雁正銜著一隻王八飛過去呢！」烏龜還是憋著沒有說話。

飛過第三個村落，被一些人看見，依然議論紛紛：「大家快來看啊，兩隻美麗的大雁銜著一隻烏龜在天上飛。」

「咦！大雁什麼時候會吃烏龜肉，我怎麼不知道？」

「可能是大雁要把烏龜銜到空中，再把牠摔成肉泥，才能吃牠的肉吧！」

聽著人們的胡亂猜測，烏龜越聽越氣憤，牠自己被說三道四沒關係，竟然還誣衊了牠最善良的朋友，怎麼能原諒這些無知的人類呢？

因此，牠開口大叫：「這和你們有什麼關係？真是多管閒事！大雁是幫助我飛到南方的！」烏龜一開口，話還說完就從空中墜落地上，摔成了肉泥。

烏龜肯定後悔莫及，如果聽大雁的話不開口說話，也許自己能見到夢寐以求的南國風光，現在只有在黃泉路上迷茫了。是啊，如果烏龜不管人們怎麼議論，保持沉默的話，結局就不會這麼慘，看來沉默有時真的很重要！

人們往往不善於沉默，而沉默往往是適用於各種情況的一種策略。面對別人的誤解或者批評，有時片刻的沉默會產生出奇制勝的出乎意料。

儘管大多數人直言不諱的時候不會很多，但有時候還是不說為妙。比如，當你自己或他人正在生氣的時候最好對分歧閉口不談，從長遠來說這是有益的。否則，你們兩個人的情緒都很激動，互不相讓很可能會造成更大的衝突。但要是你可以保持沉默，那麼，等對方冷靜下來、心平氣和時再來討論，則會減少很多不必要的麻煩。

話術補充站

做人做事應該學會面對批評，坦誠地面對指責。批評有批評的道理，錯誤的批評也有其可接受的出發點。更何況，有些聰明的人還可以巧妙地「利用」批評。

總而言之，別人批評你，你總是有好處的，沉默接受，還能體現你良好的修養以及對對方的尊重。

怎樣說話才能為自己樹立良好的形象

01 不隨便批評朋友的親友

只有不夠聰明的人才批評、指責和抱怨別人。

——卡內基【美國】

女孩子們在一起會對彼此的男友品頭論足一番，當對方說「我的男朋友真不會體貼人，老是忘了我的生日」時，你千萬別附和著說「是啊，這種男朋友不點早日分手算了」，或「他的確是粗枝大葉的人」。

縱使對方會因為短暫的埋怨而尋求共鳴的對象，但我們可別真傻傻地去附和她的話。一時的埋怨過後，她若與男友和好，冷靜思考你所說的話，必定以為你在挑撥離間，製造他們的分裂。當初只想安慰對方，反而招來一頓怨嗟，得不償失。

即使是熟識的朋友，說話時仍需懂得掌握分寸。我們跟初次見面的人或不甚熟悉的人說話時總是特別留意用字遣詞或說話的口氣，但對熟悉的朋友，這種防禦的警示消除後，常會因口無遮攔、話未經大腦思考便脫口而出，傷了對方而不自知。

有時候對方向你抱怨他的親友，其真意並非話裡所說那般，例如：「我兒子真調皮，整晚鬧個不停。」事實上她並非在說她的兒子調皮，而是藉此表示「他是聰明活潑的孩子」，如果你附和說「他的確很吵，沒規矩」，做媽媽的心裡會怎麼想呢？

人的感情實在很微妙，自己可以批評親友，卻容不得親友被他人批評，明知自己所批評的人的確有此缺點，可是一旦這個缺點經由他人附和批評，自己又不高興。

所以，當別人在埋怨他的親友時，你千萬別再加入埋怨的行列，應試圖安撫說「那個人還有許多優點」。

話術補充站

從實際情況看，很少有人被批評後馬上就改正，有時那種委屈和不快會讓人難受很長一段時間。尤其那些自尊心很強的人被批評後會感到很受打擊，他們會認為批評他的親友就是在貶低他，是在讓他丟臉。所以，請不要隨便批評和責怪你朋友的親友，否則對你來說是有害無益的。

02 巧妙開口，總能讓別人聽了順耳

真理雖然好，但不是在任何時候任何地方聽上去都順耳的。有人迷戀它，但也有人覺得它刺耳。

——謝德林【俄羅斯】

在生活中，人與人之間交流是避免不了的，同時，說話的雙方彼此都希望對方能對自己實話實說。但在某些特定的場合下，如顧及面子、自尊，以及出於保密等，實話實說往往會令人尷尬、傷人自尊，因此，實話是要說的，卻應該巧說。

那麼該如何才能巧妙地去表達呢？如何才能說得既讓人聽了順耳，又欣然接受呢？在這裡介紹幾點，僅供參考：

一、由此及彼肚裡明

兩個人的意見發生了分歧，如果實話「實說」直接反駁就有可能傷了和氣，影響團結。這個時候就需要採取這種方法，因為這樣可能會避免一些麻煩。

一次事故中，主管生產的副廠長老馬左手指受了傷被送往醫院治療，丁廠長來病房看望時，談到車間小吳和小齊兩個年輕人技術水準不錯，但組織紀律觀念較差，所以想資遣他們。老馬當時沒有表態，只是突然捧著手「哎喲哎喲」叫。

丁廠長忙問：「痛嗎？」

老馬說：「是啊，痛死了，乾脆把手鋸掉算了。」

丁廠長一聽忙說：「老馬，你是不是痛糊塗了，怎麼手指受了傷就想把手給鋸掉呢。」

老馬說：「你說得很有道理，有時候我們看問題，往往因注重了一方面而忽視了另一方面啊。廠長，我這手受了傷需要治療，那小吳和小齊……」

丁廠長一下子聽出老馬的「弦外之音」，說：「老馬，謝謝你開導我，小吳和小齊的事我知道該怎麼處理了。」

老馬用手有病需要治療類比人有缺點需要改正，進而巧妙地把用人和治病結合起來，既沒因為直接反對丁廠長傷了和氣，而且又成功地解決了問題，實在是高明！

二、抓心理達目的

這就是要抓住人的心理，運用激將的方法，進而達到自己真正的目的。

一位穿著華貴的婦女走進時裝店，她對一套時裝很感興趣，但又覺得價格昂貴，一時難以決斷是否要買。這時一位營業員走過來對她說，某某女部長剛才也看好了這套時裝，和妳一樣也覺得這件時裝有點貴，她剛剛才離開……於是這位夫人當即買下了這套時裝。

這位營業員能讓這位夫人買下時裝，是因為她很巧妙地抓住了這位夫人「自己所見與部長略同」和「部長嫌貴沒買，她要與部長攀比」的心理，用激將的方法進而巧妙地達到了讓夫人買下時裝的目的。

三、藏而不露巧表達

運用多義詞委婉曲折地表明自己要說的大實話。

林肯當總統期間，有人向他引薦某人為閣員，因為林肯早就瞭解到此人品行不好，所以一直沒有同意。一次，朋友生氣地問他，怎麼到現在還沒結果。林肯說，我不喜歡他那副「長相」。朋友一驚道：「什麼！那你也未免太嚴厲了，『長相』是父母給的，也怨不得他呀！」林肯說：「不，一個人超過四十歲就應該對他臉上那副『長相』負責了。」朋友當即聽出了林肯的話中話，就再也沒有說什麼。

很顯然，這裡林肯所說的「長相」和他朋友所說的「長相」，根本不是一回事。林肯巧妙地利用詞語的歧異性，道出了「這個人品行道德差，我不同意他做閣員」這句大實話，既維護了朋友的面子，又達到了自己的目的。

話術補充站

人處於不同的情緒之中，對別人說的話的接受程度是不同的。如果能合理運用語言技巧巧妙開口，使聽話者感到順耳，這樣不僅不會產生尷尬的對話氣氛，也能夠使對方更好地理解自己的話，避免引起無法挽回的誤會。

03

看不慣，也不要隨便談論別人的短處

煩惱從哪裡來?有時是受外境引發而來，例如聽不慣別人的話，看不慣別人的作風；另有一種是來自內心的煩惱，例如疑惑、嫉妒、心量狹小等。

——星雲大師

凡人皆有其長處，亦必有其短處。怎樣在交談中正確對待別人的短處，這也是一門學問。

人有短處是一點也不奇怪。有的人也許因為長久以來形成一種固有的生活方式，而其他人大都對此看不慣，這便成了他的「短處」；有的人也許在自己的生活與處事中的確有些微小的毛病，但這些毛病對他的整個對外交往是無足輕重的；有的人也許不是出於主觀的原因而出現一些較嚴重的缺點，但他自己卻全然無知；等等。

對待他人的短處，不同的人則用不同方法。有的人在與他人的談話中，儘量多談及對方的長處，極力避免談及對方的短處；也有的人專好無事生非，興波助瀾有聲有色地編撰別人的短處，逢人便誇大其詞地談論別人的短處；有的人雖無專說別人短處的嗜好，但平時卻對此不加注意，偶爾也會不小心談到別人的短處。

用不同的方式對待別人的短處，所產生的效果也是截然不同的。避免談及他人的短處，容易與他人建立起感情，形成融洽交談氣氛；好談他人短處的人，最易刺傷他人的自尊心，打擊人家某方面的積極性，還會引起他人的討厭；不小心談別人短處的人，雖無意刺傷他人，但很難想像，人家怎樣理解你的用意和對你所做出的反應，一般來說，易引起別人的誤解與不滿。由此可見，我們在與他人的交談中，應該儘量避免談論別人的短處。

宇宙之大，談話的資料取之不盡，用之不竭，何必一定要把別人的短處作為話題？若仔細想想就會明白，我們所知道的關於別人的事情不一定就完全可靠，也許別人還有許多難言之隱非我們所詳悉。若貿然拿聽到的片面之詞宣揚出去，那麼就容易顛倒是非，混淆黑白。說出了什麼話，就很難收回來了，即使事後明白了事情真相，也必須設法收回去，還要找那些聽過我們說此話的人作更正。因此，若我們不是確切地知道某件事情的真相，切忌胡說八道。

另外，如果別人向我們談起某人的短處時，我們該何以應對呢？最好的辦法是聽了便罷，不要深信這種傳言，不必將此記在心中，更不可做傳聲筒。而且，還要提醒談論的人是否對所談的事情有所調查、確有把握。

話術補充站

人群相聚，都不免要找個話題閒聊。天上的星河，地上的花草；眼前的建築，身後的山水；昨日的消息，今天的新聞，都是絕佳的談話內容。何必說東家長西家短，無事生非地議論人家的短處呢？好說人家短處是一種不道德的行為，我們必須克服。

04 切忌口是心非，讓別人覺得你不真誠

口言之，身必行之。

——墨子【戰國】

今天，人們有一種普遍的心理：不信任。造成這種心理的原因之一大概是生活中「口是心非」的人太多了。

「口是心非」，毫無疑問，就是表面上說得天花亂墜，而內心則全非如此；表面上對你百依百順，而實際上則是我行我素；嘴裡說著對你的讚譽之詞，而內心則是詛咒你不得好死……試想一下，如果長期生活在這些人當中，吃過幾次虧之後，不論是誰都會

增強戒備之心，對他的話加上幾個問號。

但是話又說回來，如果每個人都變成了這樣，都像戴著一副面具那樣（而且是慈善面具），那生活還有什麼意思？人與人之間的真誠、友愛都到哪裡去找呢？所以說，每一個人，特別是年輕人，要努力去扭轉這個局面，要學會真誠，切不可做口是心非的人。

口是心非，對別人不真誠，會使你失去許多寶貴的東西。就像上面說的，你嘴不對著心，表裡不如一，對別人人前一面，人後一面。反過來，別人對你也會如此，仔細想一想。這樣的生活你還會覺得有意思嗎？每天都要去琢磨別人講的每一句話，哪句話是真的，哪句話是假的，時間會在你的眼前無聲無息地流逝掉，生活中其他的事你就無暇顧及。

口是心非的人最善於鉤心鬥角。因為他就是每天都在考慮如何表面應付別人，行動上又如何去算計別人。與這種人為伍是非常危險的，因為你不知道他心裡到底是怎麼個想法。在文學史上，《偽君子》中的達爾杜弗是口是心非的最典型的代表，他已成為「偽善、故作虔誠的奸徒」的代名詞。他表面上是上帝的使者，虔誠的教徒，而實際上則是個色鬼，是個貪財者；他表面上對奧爾貢一家恭維，而實際上則用最卑鄙的手段去謀害這一家人。

他表面上好話說盡，實際上卻是壞事做絕的無恥、卑鄙小人。他最終的結局呢？他的這一套無恥的手段終於被人識破了，西洋鏡最終被人揭穿成了萬人唾棄的小人。他整天苦心於算計別人，最終倒也把自己推進了萬丈深淵。

口是心非與虛偽可以說是等同語。因為口是心非的人為了掩飾自己內心的想法，必然要用謊言去應付別人。謊言說多了，被別人識破了，他也就成為了一個虛偽的人。我想，只要有點自尊心的人是不願被別人稱為「偽」人的。

一旦在別人的心目中是個虛偽的人，那你的生活將是很痛苦的，到處是不信任的眼光，到處是不信任的口吻，轉過身來人們對你應付一下，轉過身去你將成為眾矢之的，那滋味真是難受極了。

作偽或說謊，即使它可能在某些場合發揮作用，但總之，其罪惡是遠遠超過其益處的。因為經常作偽者絕不是高尚的人而是邪惡的人。當然，一個人不可能一下子就變壞。一個人起初也許只是為了掩飾事情的某一點而做一點偽事，但後來就不得不做更多的偽事，說更多的謊話，以便於掩飾與那一點相關聯的一切。

總結起來，做偽事說謊話，口是心非大概出於以下幾種目的：

其一是為了迷惑對手，使對方對自己不加防備，以便達到自己的目的；其二是為了給自己留一條退路，這也是為了保全自己，以便再戰；其三，則是以謊言為誘餌，探悉對手的意圖，這種人是最危險的。

因此說，做人就要做個真誠的人，要言行一致。「口言之，身必行之。」對待別人要誠實，不要兩面三刀。林肯說過：「你能在所有的時候欺騙某些人，也能在某些時候欺騙所有的人，但你無法在所有的時候欺騙所有的人。」

是的，在工於心計算計別人中度過一生是不可能的，即使可能也是很累、很痛苦的事。坦誠地做人，用一顆真誠的心去對待別人，千萬不要做口是心非的小人。

話術補充站

說謊者永遠是虛弱的，因為他不得不隨時提防被揭露，就像一隻偽裝成人的猴子一樣，他要時刻防備被人抓住尾巴；口是心非者最容易失去合作者，因為他對別人不信任、不真誠，別人也就以其人之道還治其人之身；最重要的一點，口是心非者終將失去人格——毀掉他人對他的信任。

05 說話有風度，讓所有人滿意

友善的言行、得體的舉止、優雅的風度，這些都是走進他人心靈的通行證。

——撒母耳・斯邁爾斯【英國】

風度是一個人涵養的外在表現，說話的風度是一個人內在氣質的言語表現。增強自己說話魅力的一個重要途徑，就是增加自己說話的風度。一個說話有風度的人，會令人仰慕不已、傾心無比。正如德國戲劇家萊辛所說：「風度是美的特殊再現形式。」

孔子說：「文質彬彬，然後君子。」風度正是外在語言和內在氣質的恰當配合。首先，風度是一種品格和教養的體現。如果一個人沒有高尚的道德情操，沒有一定的文化修養，沒有優雅的個性情趣，其說話必然是粗俗鄙陋、瑣碎不雅。

其次，風度是一種性格特徵的表現。比如性格溫柔寬容、沉靜多思的人，往往幾句輕聲細語就能包含濃烈的感情成分；而粗獷豪放、性情耿直者，則說話開門見山、直來直往。再次，風度是涵養的一種表現。這主要表現在處理人際關係時，不卑不亢，雍容大度。最後，風度是一個人說話的遣詞造句、語氣腔調、手勢表情等的綜合表現。如法官在法庭說話時，則正襟危坐、不苟言笑、咬文嚼字、邏輯縝密。

說話的風度是多種多樣、豐富多彩的。洋洋灑灑、侃侃而談是風度，隻言片語、適時而發也是風度；談笑風生、神采飛揚是風度，溫文爾雅、含而不露也是風度；解疑答難、沉吟再三是風度，話題飛轉、應對如流也是風度；輕聲慢語、彬彬有禮是風度，慷慨陳詞、英風豪氣也是風度。

每個人在培養自己的說話風度時，應根據自己的性格特徵、情趣愛好、思維能力、知識結構等有所選擇。另外，同一個人在不同的場合、不同的環境下，其說話的風度也是有所不同的。比如教師在課堂上講課與在家裡跟家人閒聊時，則表現為兩種相差甚遠的風度。

說話的風度是人的一種自然特色，是與時代相吻合的。我們反對脫離時代追求風度；也反對脫離自己的個性、身分講究風度。任何東施效顰、搔首弄姿、沒有個性的說話都毫無風度可言。

在日常的說話、判斷或講座中，我們可能會遇到這種情況：同樣的話，這個人說，我們就很願意接受，而換成另一個人說，我們非但不願接受，而且還會產生一些反感情緒。為何會出現這兩種截然相反的結果呢？這實際上牽涉到一個人說話的態度問題，而說話態度又是說話人風度的最直接體現。

也許，人人都懂得對方無論講什麼都無關緊要，最重要是他的態度。如果態度好，大家都願意跟他談，即使他不同意我們的意見、不滿意我們的行為，我們也仍然願意跟他談。如果態度不好，就是再好的話題也無法順利進行下去。

那麼，究竟什麼才是良好的態度呢？就是對人要有正確的瞭解和充分的同情，此兩點是良好態度的基本內容。然而，如何把我們對人的瞭解與同情讓對方感覺到呢？態度良好的重要表現正體現於此。如果不注意這種表現，那麼，即使我們是很有同情心的人，若無法讓人感覺到這一點，那也可能會被他人認為是冷漠、驕傲、自私。這正如我們很喜歡和關心自己的朋友，而朋友卻全然不知，結果會受到朋友的誤解和埋怨一樣，這是一種很普遍的社會現象，而且很使人痛心。因此，我們要注意一下在別人的心目中我們究竟是什麼樣子、而且要設法瞭解在別人的心目中希望我們是什麼樣子，喜歡我們是什麼樣子。

那麼，在一般的情形下，即在日常生活中，在與一般普通朋友的正常交際場合中，別人希望我們有什麼具體的表現呢？

首先，別人希望我們對他的態度是友好的，希望我們願意和他做朋友；別人希望我們能體諒他的困難、原諒他的過失；別人還希望我們能關心他們、幫助他們、思考他們的問題，並對他們提供有用的建議，與他們成為友好的、忠實的、熱心的朋友。

其次，別人希望我們對他本人、對他所做和講的事情均感興趣。每個人都有此希望，包括我們對別人也是如此。因而，我們最好能做一個對什麼都感興趣的人。本來，我們的興趣也跟一般人一樣，常常容易被有興趣的人物及談話所吸引，而忽略不太吸引人的人物。如果我們是同情心很強的人，就不該如此，而應該學會顧及全體，並且特別照顧那些不被人注意的人；當我們談話時，要看到在場的每一個人。我們的雙眼，要隨時在每一個人的臉上停留片刻，對於那些沒有講到什麼話的人和那些看似不太自在的人，要設法找些話題跟他們交談，以便解除他的緊張和不安的心理。

總而言之，別人希望我們對他講的東西感到興趣，並希望我們的態度是友善的、良好的。作為一個成功的說話者，我們要力爭做到如此。說話時給人良好的態度，是展現我們說話魅力的保證。

話術補充站

友善的說話態度和談話中所表現出的優雅風度，是能夠讓對方接受我們意見的有力保證。做一個有風度的說話者，是帶給他人良好印象和吸引他人注意力的良好途徑，這有助於我們在交流中取得好的結果。

06 說話不能無禮，否則會使人厭煩

韻味，可以表明一個人的內涵；談吐，可以顯示一個人的修養；格調，可以說明一個人的情操。

——汪國真

有些人喜歡翻來覆去地述說一件已經說過好幾次的事情，也有些人會把一個土得掉渣的笑話當成新鮮的笑料。作為一位聽眾，此時就要練一練忍耐的美德了。唯一能做的就是耐心傾聽，在心中想想他的記憶力不好並真正同情他，而且他說話時充滿誠意，你就用同樣的誠意接受他的善意。但如果說話的人滔滔不絕而你又毫無興趣，那麼就要想辦法終止他繼續講下去，最好的方法是不動聲色地將話題引向對方在行而自己又感興趣的內容。

在交談當中，有些小的細節也許我們並不會十分注意，但卻會被他人視作無禮的表現。在說話時，別人最怕不誠懇、不老實的人。而一般人在交際時常常喜歡胡亂恭維；在說話時，別人最討厭自高自大、唯我獨尊的人。而有的人卻自以為別人都會敬佩他，反而因此獲得了別人的鄙視；在說話時，別人最怕對什麼都無動於衷的人，所以和別人談話時要有所反應。時不時點頭微笑，不時對別人的觀點表示贊同，不時提出自己的意見；聽到別人迸發出的妙語警句時，不妨大大讚賞一番。

既要善於聆聽對方的意見，也要適時發表個人意見。一般不提與話題無關的事；更不要左顧右盼、心不在焉，也不要漫不經心地看手錶、伸懶腰、玩手機等表現出不耐煩。

在社交場合或與外賓談話時，「見了男士不問錢，見了女士不問身」。不要逕自詢問對方薪資收入、家庭財產、衣飾價格等私人生活方面的問題。與女士談話不要說她長得胖、身體壯等，對方不願回答的問題不要追問，也不要追根究底。不慎談到對方反感的問題時，應及時表示歉意，或立即轉移話題。

與人交談時不要老是沒完沒了地談個人生活、自己的孩子、自己的事業。你要在交談中給對方發表意見的機會，可以儘量導引對方說他自己的事情，同時，你以充滿同情和熱誠的心去聽他的敘述，一定會讓對方很高興，也給對方留下最佳的印象。

另外，說話時，一定要注意用詞，切忌尖刻難聽。說話尖刻的人，未嘗不知其傷人，而仍以傷人為快，這是種病態的心理。之所以這樣，也自有其根源，換句話說，是環境帶他走入歧途。第一，這種人有些小聰明，且頗以聰明自負，而一般人卻不承認他聰明，因此他常有懷才不遇之感。第二，這種人富有強烈的自尊心，希望別人都尊重他，偏偏沒有這回事，因此他仇視任何人。第三，仇視的心理一直鬱積在心裡，始終找不到釋放的機會，他又不會自身修養，於是只有四處尋找發洩的對象。因為刺激的方面太多，每個與他接觸的人都成為發洩的對象，不問有無舊恨、有無新仇，都伺隙而動、濫放冷箭。這種人只會失敗，不會成功。在家裡，即使父兄妻子等親人也不會和他關係融洽；在社會上，別人則也會以言語或行動來回擊他，最終他將成為眾矢之的。所以，說話尖刻足以傷人情，但最終還是傷自己。

話術補充站

人都有不平之氣。若覺得對方言語不入耳，不妨充耳不聞；若覺得對方行為不順眼，不妨視而不見。不必過分計較，更不要伺機嘲弄、冷言冷語，甚至指桑罵槐。這樣不僅會使對方難堪，而且也顯得自己很沒度量。

07 不在語言上彰顯自己的優勢

光靠大聲叫嚷，並不能證明什麼事情。一隻母雞不過下了一個蛋，卻每每要咯咯地叫一陣，好像牠生下了一顆小行星似的。——馬克・吐溫【美國】

在社交場合，無論你自己的知識多麼豐富，也不要藉此來壓倒別人，使人難堪。在別人願意聽你的意見的時候，你可以把所知道的講出來，給別人作參考。同時，還要聲明你所知道的是極有限的，如果有錯誤，希望大家不客氣地加以指正。

在聽到自己不以為然的意見的時候，應不應該反駁呢？這要分幾種情形來決定：

一、如果在座的人，大家都很熟悉，而且經常喜歡在一起討論問題的，那麼，就應該根據自己所知，講出自己認為正確的道理。將事實照實地講出來，給大家做一個參考。否則會失掉互相討論的意義，而且也就犯了對朋友不忠實的毛病，會被人家稱作「滑頭」。不過在態度上應該謙虛，不要因為自己知識豐富就顯示出自命不凡、自高自大的神氣來。

二、如果在座的人，大家都是初識，你對他們的脾氣、身世、人格、作風都不太清楚的時候，那麼對於那些你不同意的意見就最好不要反駁，也不必隨聲附和，假裝知音。

如果別人問到你時，你可以推說：「這幾點，我還沒有好好想過。」你也可以這樣說：「某人的話，也有他的道理，不過各人看法不同，見仁見智，不能一概而論。」在比較陌生的場合，這不能夠稱作「滑頭」，但如果自己明明不同意的意見，也大點其頭，大加讚許，那才是真的「滑頭」，雖然能夠騙得那個發表意見的人一時高興，但卻被那些冷眼旁觀的人所不齒，失掉他們對你的信任。

三、如果有人在大庭廣眾之下，發表荒謬至極的意見，或散佈對大家有害的謠言，那麼就應該提出反駁。但是，在這種場合中，就多少需要一點說話的技巧，一方面一針見血地揭露出對方的錯誤，一方面又能夠輕鬆幽默地爭取大家的認同。切忌感情用事、口齒不清，不但會把氣氛弄得太過於緊張，而且也無法讓人明白你的意見。這種時候，就需要考慮得十分周到。

四、倘若自己也熟悉的朋友，在社交場合說了一些不得體的話，或是發表了很不正確的意見，那麼，就要設法替他「解圍」。就是想出一些表面上和他不衝突的話，實際上替他補充，讓別人覺得他的意見並非完全錯，只是有點偏差，或是他的本意原非如此，只是措辭上有一點不妥而已。但事後，應當單獨地向他解釋，指出他的錯誤。

總之，大家見了面無法不說話，也就不免會聽到自己不同意、不滿意的話。對這些話，要採取什麼態度，應該根據當時當地情形，好好地加以考慮。

話術補充站

當想說服某人接受你的觀點時，即使你心裡清楚你自己佔有優勢，也不能過度地在語言上彰顯。要先讓對方開口說話，當對方說話時，就會不可避免地暴露出自己的弱點，這時你就可以用這些弱點攻擊他的謬誤，但是否要這樣做應該視情況而定，不可一概而論。

08 借言語讓你的快樂情緒感染對方

老於世故的人總是勸人多聽少說，以耳代口，凡是不開口的人總是令人莫測高深；口邊若無遮攔，則容易令人一眼望到底。

——林語堂

每個人都有享受快樂生活的權利，而給朋友帶來快樂的人自己就擁有了兩份快樂，你願不願意學做一個快樂的人？

快樂的人能以自信的人格力量鼓舞他人。自信是人生的一大美德，和一個充滿自信心的人在一起，會讓人倍感輕鬆愉快。充滿自信的人遇到困難挫折，必會以樂觀自信的態度去克服。這種人格力量也會使其他人受到感染。

快樂的人能用富有魅力的微笑感染別人。人人都希望別人喜愛自己、重視自己。微笑能縮短人與人之間的距離，融化人與人之間的矛盾，釋解敵對情緒，生活中沒有人會拒收微笑這個「賄賂」。

誰不希望自己快樂？如果你是能給對方帶來快樂的人，你也會是一個受歡迎的人。為了使對方快樂，你應多尋找一些引起人快樂的方法。快樂的人能說出令人高興的話語，讓人喜歡與你交談的前提，是能使談話順利地進行下去，重要的是選擇符合對方興趣、年齡、工作的話題。

例如，對於女性，問人家「有男朋友了嗎？」「今年幾歲？」人家只會認為你是「神經質的人」。若有位男士對你刨根問底，那你一定也不會對他產生好印象。所以在開始談話時應先問：「怎麼樣，喜歡運動嗎？」「這件衣服非常好看呀！」等對方感興趣及愛好的事情，從對方有興趣的觸發點開始進入話題。

一定要避開以身體的某一特徵為話題的談話。必須注意不要談論身體太胖啦、頭髮太少啦等對方在意的東西。另外還應避開政治、宗教、思想等方面的話題，因為每一個人都有不同的生活方式和想法。

如果你想要自己快樂，也能使別人快樂，那麼你要經常自我檢查一下，你是否話說得太快？如果是，可能會給聽眾一種神經質的印象；你是否講得太慢？如果是，可能會給聽眾一種你對自己所講的話題缺乏把握的印象；你是否含糊其辭？這是一種缺乏安全感的明確標誌；你是否用一種牢騷的語調說話？這是一種自我放任和不成熟的標誌；你的聲音太高而刺耳嗎？這是神經質的又一種標誌；你用一種專橫的方式說話嗎？這意味著你是固執己見的；你用一種做作的方式說話嗎？這是一種害羞的標誌。

快樂的話語是誠摯自然的，包含著信心與精力，還隱含著一種輕鬆的微笑。如果你掌握了這個訣竅，那麼，跟你談話將是一件讓人愉悅的事。

話術補充站

快樂的人能讓幽默在尷尬場面觸發笑聲。幽默是快樂的槓桿，是生活幸福的源泉，是社交的潤滑劑。應付日常生活中最讓人傷腦筋的尷尬局面，最神奇的武器往往是幽默，幽默的語言常常給人帶來歡樂，你要推銷你的快樂，最好的廣告就是幽默。

09 懂得口頭上欣賞對手，為他叫好

棋逢對手，勝利才更光榮。

——莎士比亞【英國】

在與人初次見面時我們都會很客氣，也能做到欣賞別人且謙讓付出。可是時間長了互相瞭解後就相處不好了，不願為對方付出，甚至斤斤計較或詆毀。成功的處世是與人相處得越久越顯示出自己對人的友好，越要懂得欣賞對手，為他叫好。因為與人相處久了，產生一種視對方為工作和生活中的競爭對手的心理，以致處處戒備和設防，對人的笑容減少了，客氣話也少了，反而挖苦與諷刺的話多了。

當我們自己取得成功的時候總是興奮不已，希望有人為自己鼓掌。可是當身邊人，包括你的「假想敵」、對手取得成功的時候，你該怎樣去面對呢？是嫉妒還是欣賞？是大聲叫好還是不屑一顧？其實這時候，如果你能為他鼓掌，就能化解對方對你的不滿和成見，改變他對你的態度，打開你們之間的死結。

黎元洪清末在湖北時，一直位於張彪之下。張彪是張之洞的心腹，娶了一個張之洞心愛的婢女，人稱「丫姑爺」。但張彪嫉賢妒能，對黎元洪十分反感，加上當時報紙亦讚揚黎元洪而貶低張彪，更讓張彪心懷不滿，因此常在張之洞面前進讒言，詆毀黎元洪。

張彪在進讒言的同時，還以上級的職位百般羞辱黎元洪，想讓黎元洪無法忍受恥辱而離開軍隊。張彪的手法非常惡劣，曾經在軍中要黎元洪罰跪，並當著士卒的面，將黎的帽子扔在地上。黎元洪忍受著百般欺辱，不動聲色，臉上毫無怒容，張彪也對他無可奈何。

然而，黎元洪亦非甘為人下者。他明知張彪欺侮自己，卻不與之爭鋒，而是「平斂鋒芒，海涵自負，絕不自顯頭角，以防異己者攻己之隙」。張之洞任命張彪為鎮統制官，但軍事編制和部署訓練卻要黎元洪協助張彪。張彪不懂軍事，黎元洪嘔心瀝血，為之訓練。成軍之日，張之洞前往檢查，見頗有條理，就當面稱讚黎元洪，黎元洪卻稱謝說：「凡此皆張統制之部署，某不過執鞭隨其後耳，何功之有？」張彪聽了黎元洪這話，心中十分感激，二人關係逐漸融洽。

一九〇七年九月，張之洞任軍機大臣，東三省將軍趙爾巽補授湖廣總督。趙爾巽看不起張彪，要以黎元洪取代張彪，黎元洪堅辭不肯。同時，黎又面見張彪，告之此事，建議他致電張之洞，讓張之洞為其設法渡過難關。張彪一聽，心中大驚，立即讓其夫人進京活動，張之洞來函，才保全了他的職位。張彪對黎元洪十分感激，張之洞亦認為黎元洪頗有誠心。

張之洞很看重黎元洪的「篤厚」，歎謂：「黎元洪恭慎，可任大事。」實際上，黎元洪心裡清楚，雖然張之洞已離開了湖北，但在北京當軍機大臣，仍可影響到湖廣總督的態度，如果黎元洪在張之洞離鄂之後，即取其寵將職位以自代，不但有忘恩負義的嫌疑，甚至會影響自己的前途。

更為重要的是，黎元洪經由「忍」以及幫助張彪，讓張彪改變了對自己的態度，這樣，等於在湖北又添一個助手，有利於增強自己的實力，在關鍵時刻能夠幫自己的忙。

一九一一年十月上旬，瑞平出任湖廣總督，對黎元洪極不信任，但此時黎元洪與張彪關係早已改善，因此並未影響到黎元洪的官職。

為他人多鼓掌，這種付出不會讓你有什麼損失，反而能給你帶來很大的利益。處世要成功，就要懂得為對手叫好，這樣對手也會為你所用。

話術補充站

如果你經常抱著把事業上的競爭對手當成「仇人」、「冤家」的想法，想盡一切辦法去搞垮對方時，你就有必要檢討了。沒有喜歡那些喜歡搬弄是非、使陰招的人，每個人都希望與志趣相投的人共事。不懂得與人平等競爭、相互尊重，就會失去大家的信任。

謝謝您購買 忠言不逆耳：掌握最恰當的說話技巧與時機 這本書！

即日起，詳細填寫本卡各欄，對折免貼郵票寄回，我們每月將抽出一百名回函讀者寄出精美禮物，並享有生日當月購書優惠！

想知道更多更即時的消息，歡迎加入“永續圖書粉絲團”

您也可以利用以下傳真或是掃描圖檔寄回本公司信箱，謝謝。

傳真電話：（02）8647-3660　　信箱：yungjiuh@ms45.hinet.net

☺ 姓名：＿＿＿＿＿＿＿＿　□男　□女　　□單身　□已婚

☺ 生日：＿＿＿＿＿＿＿＿　□非會員　　□已是會員

☺ E-Mail：＿＿＿＿＿＿＿＿　電話：（　）＿＿＿＿

☺ 地址：＿＿＿＿＿＿＿＿＿＿＿＿＿＿＿＿

☺ 學歷：□高中及以下　□專科或大學　□研究所以上　□其他＿＿＿＿

☺ 職業：□學生　□資訊　□製造　□行銷　□服務　□金融

□傳播　□公教　□軍警　□自由　□家管　□其他＿＿＿＿

☺ 您購買此書的原因：□書名　□作者　□內容　□封面　□其他＿＿＿＿

☺ 您購買此書地點：＿＿＿＿＿＿＿＿　金額：＿＿＿＿

☺ 建議改進：□內容　□封面　□版面設計　□其他＿＿＿＿

您的建議：＿＿＿＿＿＿＿＿＿＿＿＿＿＿＿＿

廣告回信
基隆郵局登記證
基隆廣字第57號

新北市汐止區大同路三段一九四號九樓之一

大拓文化事業有限公司收

請沿此虛線對折免貼郵票，以膠帶黏貼後寄回，謝謝！